合同风险五把关

曾水深　曾子秋　主编

ZHEJIANG UNIVERSITY PRESS
浙江大学出版社

图书在版编目(CIP)数据

合同风险五把关/ 曾水深,曾子秋主编.—杭州：
浙江大学出版社，2018.5

ISBN 978-7-308-16490-0

Ⅰ.①合… Ⅱ.①曾…②曾… Ⅲ.①合同—风险管
理—研究—中国 Ⅳ.①D923.64

中国版本图书馆 CIP 数据核字（2016）第 299371 号

合同风险五把关

曾水深　　曾子秋　　主编

责任编辑	杨利军
文字编辑	陈　园
责任校对	丁沛岚　　边望之
封面设计	林　智
出版发行	浙江大学出版社
	（杭州市天目山路 148 号　邮政编码 310007）
	（网址：http://www.zjupress.com）
排　　版	杭州林智广告有限公司
印　　刷	绍兴市越生彩印有限公司
开　　本	710mm×1000mm　1/16
印　　张	13.25
字　　数	210 千
版 印 次	2018 年 5 月第 1 版　2018 年 5 月第 1 次印刷
书　　号	ISBN 978-7-308-16490-0
定　　价	38.00 元

内容提要

通过对经济合同纠纷仲裁、调解、咨询案例和档案文本的分析，本书将引起纠纷的经济合同的主要表现形式归纳为主体不合格、文体不规范、用语不准确、单方不履约及欠款不兑现等五种，并以此为基础提出"合同风险五把关"，即把好真实关、资格关、条款关、能力关和公（鉴）证关。全书包括五章共十九节，引用"误用一个标点，损失十万元"等典型案例多个；用以案说法、以例推理的手法探讨合同的奥秘和规律，深入浅出，通俗易懂，实用性强。

另在附录（即书后半部分的选读范本）中，摘录了国家权威部门拟制的32种不同类别的合同示范文本，初学者可根据实际情况，参照相对应的合同示范文本来签约，这样会使所签合同条款完整得多，签约放心得多，不妨一试。

本书适用的对象为：

（1）中小企业经营者和个体工商户，农村种植、养殖、农产品加工专业户，专业合作社，以及各专业家庭农场等经济主体。

（2）刚走出校园步入社会的大中专毕业生。

（3）创业者。

（4）乡村文化馆、站（室）及农家书屋。

（5）合同文本书写代理服务提供者。

前　言

　　合同，自商品的出现直至无限的未来，古今中外以白纸黑字作载体，字里行间铁证如山。大至国家之间经济交往，小至个人购买商品，合同在现实生产、生活中无处不在，无时不有。它立规成矩，稳定人心，减少纠纷，推动发展。它也必将随着时代的发展而更成熟，更完备，更科学。合同看起来简单但写起来难，订立合同含有一定的风险与技巧，一不小心，可使"万里江山"失于一墨，后患无穷。

　　那么，怎样才能订立好经济合同呢？这本《合同风险五把关》作了思考和解答。本书重点围绕经济合同订立的事前调查、事中把关、事后履行三个重要环节，结合有关法律法规的规定，对一些法律概念用以案说法的方式进行剖析，并深入阐明了合同风险防范重在把好五关的办法和路径。

　　在科学技术和经济火速发展的今天，以约定产、定质、定量、定时等各种量身定制的生产经营和生活消费方式趋于常态化，掌握经济合同订立的法律常识，自然成为人们参与经济发展创新环节的一门必修课。参照 2013 年 4 月由中央民族大学出版社出版发行的《合同订立技巧与风险防范》一书内容，修编者根据读者反馈意见和需求进行了改编和调整，从而形成《合同风险五把关》这本签约工具书。在修编过程中，由于时间紧、水平有限，难免还存在差错，在此谨请读者多包涵，或批评指正。

曾水深　曾子秋

2017 年 7 月 18 日

目　　录

第一章　合同的真实关

本章重点：对合同主体、委托书、特殊行业许可证、经办人身份证等相关材料的真实性审核。警惕与无效、虚假，欺骗、欺诈等违规违法的合同相遇。

第一节　合同概述

对合同真实性与合同主体诚信的把关至关重要，而在把关前，我们先简单地了解一下合同的概念、形式、特点、类别和内容，熟悉合同的基本构成与框架，为拓宽对合同感性和理性认识的思维空间做些铺垫，为准确地把好五关、避免合同风险打下基础。

一、合同的概念

合同是平等主体的自然人、法人及其他组织之间设立、变更、终止民事权利义务关系的协议。合同的客观性，就在于它的真实性、持久性、不变性。在历史长河中，无论社会变迁、政权更换，它都受当时规章制度、法律的维护，受社会舆论监督和风俗习惯规范。合同具有广义和狭义的理解。从狭义上说，合同可以理解为经济交往双方当事人签字或盖章的各种经济书面合同。而从广义上来说，它除了文本书面类合同外，还包括各类简单的依据和发票，甚至口头合同都属合同的范畴，它确实牵涉我们生产生活的方方面面。

二、合同的形式

（1）口头合同。人们常说口说无凭，其实口头约定也是合同，现实中有好多行为是以口头形式的合同来完成的。例如："老张，你先代我买张明天晚上十时杭州至北京的机票，票钱到机场会面时给你。"又如："李阿姨，我现在有点急事，我三岁的孩子春春，烦你帮我代看两小时。"像这些简单的口头约定行为，从现象上看，它们没有书面合同那样严肃认真，其实它们的效力与书面合同的效力一样；但是也有很多口头合同在订立时缺乏有效手段，难以提供后来的证据，受客观情况的变化和不确定因素的影响导致履行困难，尤其是当出现合同纠纷时，就容易出现纠纷起伏、真假难辨的被动局面。

（2）书面合同。此类合同有两种类型。一种是票证合同，包括各种生活生产的消费类发票、机票、车票、船票、信件、电传、数据电文等；另一种是文体文本合同，它包括双方临时约定的临时书写合同和有关专业部门印制的规范格式文本合同，以及经经济合同管理监督机构监制的企业印制的文本格式合同。这种文体文本合同是经济交往中最普遍、最常用、最易被人接受和运用的一种合同类型，也是本书重点研究的经济合同形式之一。

（3）其他形式的合同。现实中也存在押物承诺，如甲方向乙方临时借钱1000元，为了取得乙方的信任，在没有欠条的情况下，甲方将自己手上佩戴的价值几千元的手表，先抵押给乙方，待还钱后再取回手表。还有货物交换也是一种特有的合同形式，如用两头猪换一头牛，十斤油菜籽换三斤油等。

三、合同的特点

合同具有三个明显的特点：

（1）是一种具有法律约束力的协议；

（2）是当事人之间协商一致的情况表示；

（3）体现了主体之间的法律地位平等，这也是一份有效的合法合同成立的前提。

四、常见的合同类别

常见的合同类别有：①买卖合同；②供电、水、气、热力合同；③赠与合同；④借款合同；⑤租赁合同；⑥融资租赁合同；⑦加工承揽合同；⑧建筑工程合同；⑨运输合同；⑩技术合同；⑪保管合同；⑫仓储合同；⑬委托合同；⑭行纪合同；⑮居间合同等。

五、合同的内容

合同的内容主要由当事人约定，一般包括以下条款：①当事人名称或姓名及其住所；②标的；③数量；④质量；⑤价款或报酬或分配方式；⑥履约期限、地点和方式；⑦运输方式；⑧途中损耗；⑨标准误差；⑩风险责任；⑪合同解除条件；⑫签约时间和地点；⑬其他约定事项；⑭违约责任；⑮解决争议的方法；⑯当事人签字或盖章；⑰当事人联系方式；⑱当事人银行账号；⑲网址和邮编；⑳公（鉴）证单位意见等。

　　本书围绕狭义概念的合同展开讨论，即从书面文体合同出发，采取逐章逐节、从头至尾、循序渐进、步步深入、以例说理、以实论真、以案说法的方法，从多角度、多行业、多领域进行细致、综合、全面的分析，用简单、通俗、易懂的笔调来阐述经济合同订立的观点与条件、形成的基础与程序、查询的方法与渠道、考查的内容与依据、避陷的措施与技巧、风险的防范与规避、文本的格式与示范。在本章合同的真实性把关中要重点把握好"三看"，具体归纳为"一看证照，二看书（授权委托书），三看行业与特殊"。

第二节　合同主体的真实性审核

　　合同主体务必真实，证照审核是重中之重。在签约前必须对当事人主体资格进行审核。合同的主体首先应该真实客观，必须是平等的自然人、法人或其他组织。签约前必须弄清对方属于何种性质的主体，是法人，还是非法人，虽然法人、非法人都有签约资格，但对对方知根知底是十分重要的。

　　我们知道，法人是一种依法确立的经济组织或社团机构，它包括企业法人、机关事业单位和社会团体法人，从成立之日起就具有法人资格。企业和事业单位、科技性团体设立的具备法人条件的企业，实行企业化经营、国家不再核报经费的事业单位，以及从事经营活动的科技性团体，本身具备企业法人登记条件的，必须经工商行政管理机关核准登记，取得"企业法人营业执照"后才具有法人资格，如股份公司、集团公司等。如果没有法人证照，又以法人的名义签约，那么你就要多留个心眼，多做些调查，脑子里多打些问号，千方百计弄清其来龙去脉，否则有可能所签的就是一份主体不合格的无效合同。

　　非法人，也是签订合同的主体，如个体工商户、个体企业、独资企业、有限责任公司、合伙企业等。像这种类型的主体亦应具有工商行政管理机关核发的营业执照和公司执照，也是国家依法确立的一种经济主体。如果没有证照，那么合同的有效性也难以保证。另外，农村种粮承包户、农林专业户，国家没有要求他们一律办证照，而他们依法对外开展业务，也具有签约资格。一般都容易查得企业证照的信息，但也有一些不易查到的企业信息，下面列举三类不易查到证照信息的合同供大家参考。

一、涉外合同

签订涉外合同时，要审好如下几个除证件以外的资质：①签订标的额巨大的合同，一定要有银行信用担保书，这样能促使双方严格履约，双方如有违约均可有效地追究经济或刑事责任；②在向外方发贷时，一定要凭有效的银行信用证进行发贷，其信用证最好经银行验证确认，以免欺诈行为的发生；③产品的质量证件要真实，不能为牟利就以次充好、以好掩次，以利于确立在国际交往中的信誉。

二、非专利技术转让合同

对于没有国家专利或未经有关部门鉴定的技术的转让合同，确实有点难把握，因为它缺少有效证件，有的可能还缺少科学理论依据。此类合同容易造成技术转让纠纷。造成技术转让合同失效的原因有两个：一是技术上的原因，二是商业风险的原因。合同双方容易对技术转让中的潜在风险估计不足。

为避免或减少此类纠纷，在签订合同时，就应对技术及商业风险等较易引起纠纷的条款慎重对待。转让方在合同中要对非专利技术如实说明，既要明确技术的状态，又要明确实施非专利技术所必备的两个基本条件：第一，技术必须是实用的、可靠的；第二，必须能够在合同约定的领域内应用。依据技术市场管理办法，能够进行交易的技术，不限于能够用于工业标准化生产的技术，还包括在小试阶段、中试阶段的成果。用中试标准来衡量中试阶段的成果，或用工业化生产标准来衡量，都可能发现技术上有这样或那样的缺陷，这就要求转让方在合同中如实说明技术的状态，不得夸大，不得弄虚作假，不许剽窃他人成果或者夸大经济效益，并要向受让方说明使用技术应具备的条件。如果转让方隐瞒实情，造成合同无法履行，就应承担相应的责任；转让方对另一方实施技术后的商业风险不负责任。技术转让常常由于经营管理、市场行情等因素而失效，因此，应当明确商业风险是与经营管理、市场供求关系等因素有关的，而不只取决于技术本身，受让方不得以经济效益不好为由，要求转让方赔偿损失。

在实施中，不少合同订有保证经济效益的条款，转让方以此让受让方对技术带来的效益确信无疑，促使受让方接受技术转让。如果双方当事人在自愿基础上签订了保证经济效益条款，就应当承认其效力。由于影响经济效益的因素比较复杂，当事人应当考虑各种影响经济效益的情况和条件，全面客观地预测市场，并在合同中具体载明双方的责任范围，以便在实施技术没有达到约定的效益时，针对原因明确责任。

一个技术转让项目的投资，少则十几万元，多则上百万元或上千万元，一旦失败，对双方都会造成难以弥补的损失，所以，双方当事人要在可行性调查的基础上，做好充分的前期论证、期中考核和结果预估，从签订技术转让合同之日起，就要严格把好关口，特别是对双方的履约能力、技术状态、市场的预测，要做全面的了解，以避免或减少技术转让失败给双方带来的经济损失。

三、房屋和其他财产租赁合同

房屋和其他财产租赁合同的查证关，也是最易疏忽的。其实财产租赁涉及各类证件的审核，但在现实中很少有人去查阅证件或要求对方举证。近年来，因房屋和其他财产租赁而发生的纠纷越来越多，这里对如何把好租赁合同的查证关做一些分析。

首先是权属查看。审核出租人对出租物有无出租权，只有有出租权的人，才能与其签订合同。对出租权的审核必须从四个方面查看：①租赁房屋、土地的，查看是否有国有或集体房产和土地使用证。②查看租赁的房屋、土地是否被分租给多个经营户。③若是动产物租赁，要看其购置的原发票及有效产品证件（或说明书）；若是无发票自制的财产，应做出书面证明。④如果是中途转租的，那么必须经原出租方签字或同意后，才能和转租方签订租赁合同。

如果碰到以下五种情形，则不能与其签订租赁合同：

（1）未取得房屋所有权证的，没有出租物发票和来源依据的，赃物或权属不清、有争议的。

（2）司法机关和行政机关依法裁定，决定查封或者以其他形式限制房屋、财产权利的。

（3）属于违法建筑物，不符合安全标准的。

（4）已抵押未经抵押人同意的。

（5）有关法律法规禁止出租的其他情况。

只有认真查看以上情况后，才能弄清出租物权属关系及当时的处境情况，这样我们在签约时才能做到心中有数。

第三节　授权委托书等相关材料的真实性审核

在签约前除对主体进行审核外，还务必对授权委托书等相关材料的真实性进行认真查核。这些相关材料虽然是合同的配套附件，但在相当一部分合同中，它们是必不可少的前置条件，只有有了这些附件，才能使主体合同合法生效。因此，相关材料的真实性审核尤为重要。附件种类因时、因势、因事、因人名目各不相同，下面就对最常见、最简单的法人委托书、遗书、分书三种不同类别附件做一些剖析，以利于我们日常把握运用。

一、法人委托书

我们知道多数企业并非厂长、经理、董事长亲自签订合同，而是通过供销人员或通过网络、信函、电传等手段来实现签约目的。这里特别要注意的是，凡与非法人代表签订的购销、加工、承揽、联营等合同，按法律规定都应提交签订合同的合法有效的法人委托书，这也是签约的基本道理与常识。在签约前，合同主体双方或多方都应认真在委托书上把好四个真实性要点：

（1）委托书的事项是否在其证照上登记的经营范围内，不能背离和超越国家和职能部门核定的经营范围，以防出现无效合同；

（2）委托人和受委托人信息是否与其身份证或工作证一致，以防超越代理权限签订无效合同；

（3）委托书的有效期不能过期失效，以防签订欺诈合同；

（4）委托单位或法人印章及法人代表的签字是否完整和统一，以防张冠李戴、混淆是非，签订虚假合同。

代理人必须事先取得委托单位的委托书，再根据授权范围以委托单位的名义签订合同，才能与委托单位直接产生权利和义务关系。《民法总则》① 第一百六十五条规定："委托代理授权采用书面形式的，授权委托书应当载明代理人的姓名或者名称、代理事项、权限和期间，并由被代理人签名或盖章。"因此，这种代理关系是代理人根据授权，以被代理人的名义与他人订立合同，由被代理人享有和承担该合同的权利和义务。如果代理人未取得被代理人的委托，而擅自以被代理人的名义签订合同，那么被代理人既可承担责任，也可不承担责任。承担责任的前提就是要有被代理人的事后追补的口头或书面委托书及相关证件，但在现实中往往是不愿承担责任者为多数，从而造成与代理人签订合同的一方当事人不应有的损失。下面举个实例供参考。

前些年，浙江省龙游县某国有粮油公司（法人企业）下设有几个粮食经营购销分站（非法人），其下属收购点的购销员王某在订购粮食时，发现市场上的草籽相当便宜，购销差价大，利润非常可观，于是，王某就独自将购粮食的数万元预付款，移用作购买草籽的预付款，与中介方签订了草籽购销合同。中介方按合同规定发货，货到龙游后，中介方向该粮油公司要求付清50%的货款。该粮油公司总经理对要款的中介方说："我公司从未委托供销人员订购草籽，再说我们也没有经营种子的资格，你方收到过我公司委托签订购买草籽合同的委托书吗？谁和你签订合同，你找谁去，我公司拒付此款，并不负法律责任。我们还要向擅自与你签订合同的供销人员追回预付款……"总经理的话使要款人恍然大悟，原来自己把关不严、审查不细，签订了一份代理人无法人委托书的超越代理权限的无效合同。后来，签订合同的当事人王某见公司不承担购买草籽合同的法律责任，在事实面前向公司做了检查，同时费尽心思也没能销完草籽。最后，王某变卖了家财和房屋，才弥补了数万元的草籽亏损。这就是供方未对法人委托书内容进行审核，需方盲目行事而产生超越代理权限签订无效合同的教训。

二、遗书

遗书的主体是直接的当事人，但遗书是一种当事人的书面化的物质和精

---

① 本书第一章至第五章出现的《民法总则》《合同法》等法律名称均为简称。

神遗留方式，除相关材料和附件的存在外，没有可替代主体存在，所以我们把它当作特殊的材料来看待。从文书的格式和内容看，遗书没有统一的模式，没有规范的合同文本，是自然人上下代之间，亲戚、朋友、同事、聘用人与被聘用人之间，自然人与国家、集体、社团之间，为了使生前的资产和财物在死后进行所有权转移的简单法律文书。遗书有单方意志的体现形式，也有经双方或多方同意、签字立约的形式，看似简单容易，但如果写得不好，也常会产生问题和纠纷。

下面以单方意志形式的遗书为例来做些分析。写遗书的一般以年迈之人为主，因受年龄、文化程度、身体等因素的影响，所立的遗书常常会有失误和欠完整的情况发生，这就容易引起晚辈或继承人之间及其与他人之间的纠纷。在现实中，有的老人将自己的遗产通过订立遗书的办法，赠与法定继承人以外的人或单位，而由于文本欠规范，订立程序存在漏洞，从而造成法定继承人要求追回遗产而与受赠遗产的人对簿公堂。

如何在这种简单的法律文书中，尽量地表述清楚，不出差错，减少纠纷？笔者认为，应从清楚、完整、稳重三方面去把握。

（1）清楚。无论是遗书还是遗嘱，关键是要把问题交代清楚。有些立遗书的人在年迈或患病或有急事之时匆匆立下遗书，可能一时难以把事情交代清楚，只是三言两语断句，含糊其事歇笔。对于这样不清楚的遗书，受继承方就必须在接受遗书时或听遗嘱时，把基本问题审查清楚，有疑问立即当着当事人和旁证人的面，提出来讲清楚，最好立书成据；对有些疑问较大、含糊不清的还必须由在场人和关系人讨论而定；对有些特别规定的权利义务在有条件的情况下，立受双方都应该弄明白说清楚。

（2）完整。遗书或遗嘱是一种较为简单的文书，是以体现单方意思为主的合同形式，但同样也要求立书人有一个完整的表述。遗书中应有标的、因果详情、事件过程、权利义务，立遗书的目的、时间、地点，立受人姓名、年龄、性别、住址，生效方式，在场人，立书人与接受人之间的关系，公证单位，以及与其相配套的所有证件和附件的名称文号，等等。

（3）稳重。遗书和遗嘱一般都是行为人在具有行为能力时所订立的一种事先预备的文书，要在立书人死后才生效。所以，它是一种生效前预制好的文书。有的人预制得较早，有的人写了一次又一次，不断变化更换，有的人在临终时才立下遗嘱。不管是早期预写还是临终嘱咐，都要有稳重意识。对早期预写的遗书，应该有充分的时间和机会来对遗书内容和条文进行思索；既要清楚、完整地表述，又要考虑移交后能顺利执行，避免产生纠纷。以遗嘱方式指定由法定继承人以外的人继承遗产更要慎重，因为它跨越了法定的第一、第二继承的界限。像此类情况，移交人、接受人最好事先能以平常的心态和移交人的法定继承人进行协商通气，并在遗书上签字同意，或去公证处依法公证，这才是最稳重的办法。特别应引起重视的是请人代书的遗嘱，订立这类遗嘱更要稳重应对，下面举几个实例供参考。

2014年4月26日《中国剪报》第8版刊登了《代书遗嘱无效四典型案例》一文，现摘录如下：

代书遗嘱由于并非遗嘱人自己书写，法律规定了比自书遗嘱更为严格的生效条件，不但要求内容明确和形式具体合法，还要求至少有个见证人，因此稍有不慎就可能导致所立遗嘱无效。北京市海淀区人民法院的法官介绍，从该院以往审理的有关代书遗嘱纠纷案件的情况看，有一大半的案件最终被确认遗嘱无效。

典型一：代书人找不着

王重与前妻生有王春和王文两个子女，后与现任妻子李君生下女儿王广。2008年王重病重住院期间，由王广在打印店打印了一份遗嘱，内容是将王重名下的两套房屋全部归王广继承。王广专门请来两位律师作为见证人在场见证，王重在立遗嘱人处签了名字，见证人在遗嘱的见证人处签了名字。

王重去世后，三子女因遗产问题发生纠纷，王春和王文将王广诉至法院。法院经过审理认为，该遗嘱属于他人代为打印，应该为代书遗嘱。虽然此代书遗嘱由立遗嘱人在遗嘱上签字，但是代书人即打印者为打印店工作人员，法庭经调查发现该店员不知其踪，且不在立遗嘱的现场，无法确定代书人的身份。最终，法院判决该代书遗嘱无效，王重的三个子女与李君平均分配其遗产。

典型二：没有见证人

北京人王钢去世后，其大女儿持父亲的代书遗嘱，将自己的四个弟弟妹妹起诉到法院，要求独自继承王钢的房产。王钢的其他四子女大为吃惊，认为父亲不可能立这样的遗嘱。原来，王钢老人因积劳成疾瘫痪在床，其生活由五个子女轮流照顾。据其他四个子女称，大姐沉迷于炒股，不怎么来照看父亲，是由他们照看老人到去世的。

法院认为，王钢大女儿所持的遗嘱的主文及日期为他人代写，王钢仅在遗嘱下方签名。遗嘱中也没有执笔人签名，王钢大女儿所称的代书人也没有出庭作证，此外又没有其他证据证明。由此，法院认定该代书遗嘱无效，由法定继承人分割王钢的遗产。

典型三：利害关系人见证

韩老先生一直和女儿韩女士一起生活，儿子韩先生时常来探望。韩老先生去世后，两个子女为了房产打官司。韩女士向法院提交了一份代书遗嘱，是由韩老先生的女婿陈先生代写的，明确韩老先生名下的房产归他的女儿，下方有韩老先生的签名。韩老先生的妹妹作为见证人也签了名，遗嘱上还写上了日期。

然而法院经审理，认为该代书遗嘱虽有两个见证人，但其中一位见证人即代书人是被继承的丈夫，属于利害关系人，不能作为见证人。所以，虽然其他方面都符合代书遗嘱的形式要件，但是该代书遗嘱仍然无效。

典型四：见证人事后签字

刘老先生育有三女一子，平时自己一个人住，直到病重后，由儿子照顾自己。因为老人存款问题，姐弟四人起了纠纷。之后，刘老先生考虑用遗嘱的方式处分自己的房产。于是，他请来好友老张，由老张代写了一份遗嘱：刘老先生名下的房产由儿子继承，他人不得干涉。刘老先生和老张都在遗嘱上签了字。事后，刘老先生又找来老王和老李当见证人，请他们在遗嘱上签了字。

刘老先生去世后，四个子女打起了官司。法院经审查认为，虽然刘老先生的代书遗嘱由代书人书写，代书人和刘老先生都签了名字，也有两个见证人签字，可是从遗嘱的形成过程看，两位"见证人"是在遗嘱形成后补签的，并非当场见证遗嘱的形成过程。因此，此代书遗嘱不符合法律规定的要件，是无效的。

代书遗嘱由于为他人所代写，极易违背立遗嘱人的意思。因此，法律规定了更为苛刻的有效条件，在立代书遗嘱时必须做到以下三点：一是见证人不少于两位，见证人必须在场见证，必须具有完全民事行为能力，并非继承人、受遗嘱人及其他有利害关系人。二是由一人代书，代书人最好在代书遗嘱上签名，并且最好是见证人之一。三是代书遗嘱写完后，立遗嘱人和见证人应当签名，并且注明日期。如果有条件，最好现场录像。（文中当事人均为化名）

三、分书

分书是指国家、集体、单位、企业、个人之间为分割财权、产权、股权、山权、林权、地权、界权以及无形资产，约定其归属、占有或管理使用内容的有效法律文书。它牵涉的范围广，形式多样，从而产生的纠纷和官司也较多，通过分析和解剖众多的案件，我们可以发现纠纷最易产生、发案率最高的是农村家庭房屋及财产类分书。据此，我们以农家"分书"为例展开分析。

1. 分书成立的基本条件

家庭分书是日常普遍存在的，但在形成及书写的过程中必须注意其内容合法和具有操作性两个条件，否则会引发日后的纠纷或成废纸一张。2014年12月2日《中国剪报》第8版刊登了一篇题为《家庭协议书看上去很美》的文章，对这类问题做了现实的回答，现摘录如下。

为了规避将来可能产生的矛盾纠纷，眼下越来越多的家庭选择以事前协商，订立家庭协议书的形式来安排房产、钱款、赡养等家庭重大问题。不过，由于许多人对法律一知半解，又缺乏专业人士的从旁指导，旨在"未雨绸缪"的家庭协议书往往到了最后却成为一张废纸。

一、老人还活着，如何"放弃"遗产？

上海市民顾老伯与老伴丁阿婆共有三子一女，大女儿一家在国外定居，其他子女均住在上海。二儿子顾青曾在东北插队，回沪成家后一直与父母住在一起。考虑到顾青一家三口的经济状况不如其他兄弟姐妹，且常年照料二老生活，顾老伯遂召集子女协商今后自己的遗产分配。经多次商议后，全家人订了一份家庭协议书，约定老夫妻俩的遗产由顾青继承，其他子女自愿放弃遗产继承。

今年4月，丁阿婆去世，小儿子拒绝履行家庭协议书的约定，要求依法继承母亲的遗产。顾青无奈，请求律师帮助，律师却告知，该协议书中的遗产继承部分无法律效力，小儿子的要求合法。

我国的《继承法》规定，继承从被继承人死亡开始，遗产指的是公民死亡时遗留的个人合法财产。也就是说，只有在被继承人死亡时，才会产生遗产，也才会产生继承关系。老人既然还在世，就没有遗产一说，子女又怎么能放弃遗产？律师表示，子女即使做出放弃继承遗产的表示，也要在继承开始后、遗产处理前。很多家庭协议书中会写明对老人将来的遗产的分配，其实都是无效的。

二、赡养协议"说废就废"？

上海市民张老伯多年前与小儿子因房屋拆迁闹了点矛盾，后一直与大儿子一起生活。两年前张老伯就赡养问题和两个儿子签订了家庭协议，将名下的一套房产过户给大儿子，今后自己的生活由大儿子及孙子照料，不需要小儿子赡养。

今年年初，张老伯骨折后需要装支架，他以无力承担医药费及后续康复费为由，要求小儿子承担赡养义务，每月支付 500 元赡养费。小儿子拿着家庭协议书来到社区调委会："三个人白纸黑字签了名，上面写明了我不拿分文也不养老人，现在这张协议说废就废了？"

律师解释："《婚姻法》明确规定，子女不履行赡养义务时，无劳动能力的或生活困难的父母，有要求子女付给赡养费的权利。也就是说，只要被赡养人要求赡养人履行赡养义务，那无论双方是否曾经对此有过任何形式的约定，赡养人都必须承担起相应的义务。"赡养父母是国家法律规定的义务，子女之间就父母赡养问题的约定不能对抗国家法律。

律师认为，若涉及重大财产、房屋居住或户籍问题，签家庭协议书还是很有必要的，这样一旦情况发生变化，就有据可依。订立家庭协议有两个原则：①协议的内容不能与法律法规相悖，违背法律法规的协议是无效的；②协议的内容要有可操作性，家庭协议书应写得简洁明了，对于吃不准的条款不妨先咨询一下法律相关人士。

2. 分书的法律关系有效性

写好分书不仅要求分清各种法律关系，更重要的是确保各关系的形成过程和内容合法，从而确保分书的合法有效，减少日后纠纷和矛盾的出现。2009 年 2 月 10 日《衢州日报》第 9 版刊登了一则财产纠纷案例，就是一个鲜活的例子：

　　汪某在外漂泊了 10 年，一直未与家人联系。2007 年 8 月他回到家中，但身患重病，即将离开人世，由于他欠下了一大笔医疗费，为解决欠下的医疗费及去世后办丧事的费用问题，汪家召开家庭会议，并请来村干部作证人。汪家人协商决定，将汪某在 10 多年前分家分得的地基上的三间房屋作价 3 万元卖给汪家小妹，用于支付汪某的有关开支。为此双方签订了转让协议，其余几个兄妹作为见证人签了字，村委会同意盖章。去年汪某去世后，汪某大哥认为汪某分到的那间平屋是以自己的名义申建的，并且该房屋旁边的一块地基也同属自己，与小妹产生了纠纷。

　　法院受理此事后，进行了案情分析。汪某离家后，汪家母亲搬进了汪某分到的平房居住，还在边上盖了一间厨房。后来汪某大哥出了一部分材料，他朋友刘某出工出料，在该房子西面的空地上建造了一间平房，该平房一直由刘某租用，租金由汪母收取。汪某大哥认为：厨房是母亲造的，他出材料建造了两间平房，应该分享三间房屋的所有权。另外，汪某和小妹的房屋转让协议没有经他同意，属无效合同。

　　法院认为："分书"作为民间的习惯和风俗，虽没进行产权登记，但其内容也受法律保护。当初分家时汪某大哥对"分书"并没有异议，其中写明的房屋和地基应归汪某所有，那间平屋虽是汪某大哥与刘某建造的，但汪家母亲一直代收租金，这证明他们事实上均承认是汪某的财产。汪某处理自己的财产，村集体也同意转让，转让行为发生在本村村民之间，符合农村土地转让的有关条件，应认定该房屋的转让行为合法。最后，法院认定汪家的"分书"有法律效力，三间房子归小妹所有。

　　我们知道，分书，特别是关于农村集体的田、山、房、厂、林等权利的归属、分割的分书遗留纠纷较多，这在一定程度上与立分书人文化水平的高低、法制观念的强弱、考虑问题的粗细都存在着联系。在分书书写的过程中也难免会出现这样或那样的问题，今天我们把这些问题提出来，也不过是供大家参考而已，但从现实上看，要写好一份合情、合理、合法的分书也实在不是一件容易的事。因为它涉及多个主体、多个界限、多个不同的权利与义务，这就必须多做些社会调查，多看些现实和历史资料，多想些可能发生的问题，瞻前顾后，左右分析，上下推敲，只有这样才能使分书成为合法生效的协定。

第四节　　特殊行业许可证件的真实性审核

不是说有了证照就可以随心所欲乱签合同，对一些特殊的行业，国家、政府都有特别的规定。所以在签约前，除了审核一般证照外，还要审核其特殊行业的许可证，并且要辨明其证件的真实性和可靠性。因为这种特殊行业的许可证，是当事人经过专业管理部门严格培训考核后，在取得技术、达到标准、有足够的经验和知识的基础上，合法取得的专业部门颁发的特殊行业资格证书（或许可证）。只有取得行业许可证方有资格经营，那么哪些行业需要特殊行业许可证呢？

从大类上看，需要行业许可证的有化工类、医疗类、食品类、文化类等上百种行业。下面对主要业类的行业许可证做一些简单的举例讲述，以便读者签约时审阅参考。

（1）化工类。若合同标的是化工类的产品，如成品油、危险品、油漆、易燃易爆的天然气体，经营此类产品必须有专业部门核准登记的危险品经营许可证或成品油经营许可证。如果经营爆破器材、烟花爆竹生产和销售的，就得有烟花爆竹经营许可证。经营有毒有害的化工类产品，还得有环保部门核准的环保经营许可证。

（2）医疗类。此类合同标的主要形式有多种：一种是医疗器械，对有的医疗器械的生产和经营，国家有专门的监督管理条例，由省级人民政府核发医疗器械生产经营许可证，否则就不具备生产经营资格。一种是中药材，凡是从事中药材经营的，必须持有省级人民政府中医药管理部门核发的药品（中药材）经营企业合格证。药品的生产批发也必须经省级人民政府药品监督管理部门核发药品生产许可证和药品经营许可证。药品零售也得经县级以上人民政府药品监督管理部门核发药品经营许可证。此外还有血液制品的生产，必须由国务院卫生行政部门审查批准，开办此类经营单位由省级人民政府卫生行政部门审查批准。再比如说放射性同位素与射线装置生产、农药生产、兽药生产都必须持有省级人民政府专业行政管理部门核发的生产经营许可证，而不能盲目地生产经营。

（3）食品类。凡合同标的是食品类，生产加工就必须有食品、药品监督管理专业部门核发的许可证，有的还需 QS（食品质量安全）资格认证，流通领域的必须有食品流通经营许可证。因为食品安全比什么都重要，无论从事食品生产还是从事食品销售，都须具备严格的特殊许可资质。

（4）种子类。按照《种子法》《农业转基因生物安全管理条例》规定，主要农作物杂交种子及其草本种子、常规种原种种子、主要林木良种种子生产经营由省级人民政府农业、林业部门核发种子生产经营许可证。农业转基因植物种子、种畜禽、水产苗种的生产经营，由国务院农业部门核发生产经营许可证。

（5）文化娱乐类。此类标的合同也有几种行业的特殊要求，比如出版业，受《出版管理条例》《出版物市场管理规定》的调整，出版部门由省级人民政府出版行政主管部门颁发出版许可证，出版物进口经营由国务院出版行政主管部门核发出版物进口经营许可证；如果设立音像制品出版、复制单位必须由国务院出版行政主管部门批准，核发音像制品出版经营许可证；设立全国性音像制品连锁经营单位，由国务院文化行政部门审批核发音像制品经营许可证。娱乐场所必须有文化经营许可证。设立经营性互联网文化单位的，还必须有网络文化经营许可证。

（6）服务类。比如营利性人才中介服务机构由政府人事部门批准核发许可证。印章刻字业、旅馆业需要公安部门核发特种行业许可证。旅行社，如国际旅行社须经省级人民政府旅游行政管理部门审查同意，由国务院旅游行政管理部门核发旅行社业务经营许可证；国内旅行社由省级人民政府旅游行政管理部门及其授权的地市级人民政府旅游行政管理部门核发旅行社业务经营许可证。

（7）承揽、加工类。建筑工程承揽，承揽方必须提供国家规定资质的建筑工程的许可证和有关专业技术资质的许可证，发包方也须提供建筑规划许可证。加工类的许可证也是分门别类的，根据加工对象不同需不同的许可证。比如竹、木经营加工，就需要提供县级以上人民政府林业部门核发的竹木经营许可证。有的还要提供环保等有关许可证。

（8）广告类。受《广告法》的调整，国家工商行政管理总局登记注册的广告企业，中外合资、合作广告企业，由国家工商行政管理总局核发广告经营许可证，地方工商行政管理部门登记注册的广告企业，由省级人民政府工商行政管理部门或其授权的省辖市人民政府工商行政管理部门核发广告经营许可证。

（9）运输类。①航空运输执行《民用航空法》，公共航空运输业由国务院民用航空主管部门核发公共航空运输企业经营许可证。②道路运输、客运经营、货运经营由交通主管部门核发道路运输经营许可证。③水路运输受《国内水路运输管理条例》调整，从事水路运输的企业和个人应由交通主管部门核发水路运输许可证。④如果经营国际船舶运输业务，由国务院交通主管部门核发国际船舶运输经营许可证。

（10）矿产资源类。①矿产资源开采、矿产勘查由省级以上人民政府国土资源主管部门核发勘查许可证，矿山企业由国土资源主管部门批准，其中石油、天然气、煤层气和放射性矿产的开采由国务院国土资源主管部门发放划定矿区范围的批复文件，黄金开采由国家黄金管理部门核发开采黄金矿产批准书，省级人民政府国土资源主管部门核发采矿许可证。②煤炭开采生产经营必须持有省级人民政府国土资源主管部门核发的采矿许可证和生产经营许可证。

（11）枪支类。军用枪支的生产，无疑须有国家特定许可证，民用枪支的制造配售也受《枪支管理法》调整，凡制造民用枪支须由公安部核发民用枪支制造许可证，配售民用枪支须由省级人民政府公安机关核发民用枪支配售许可证。

（12）银行业金融机构。银行等金融机构的经营活动受《银行业监督管理法》《商业银行法》《外汇管理条例》等法规的调整。①商业银行、信用社及其分支机构由国务院银行业监督管理部门批准成立。②银行、农村信用社、兑换机构等开展结汇、售汇业务由外汇管理机关核发经营外汇业务许可证。

（13）互联网服务业。受《互联网信息服务管理办法》《互联网上网服务营业场所管理条例》《互联网文化管理暂行规定》的调整。①经营性互联网信息服务由省级以上人民政府电信主管部门核发经营许可证，其中从事新闻、出版、教育、医疗保健、药品和医疗器械等信息服务的，在取得许可证之前应经有关主管部门同意。②互联网上网服务营业场所由文化行政部门核发网络文化经营许可证。③网络文化经营单位设立由文化行政部门核发网络文化经营许可证。

（14）国家重点保护野生动物、植物的经营。受《野生动物保护法》《陆生野生动物保护实施条例》《水生野生动物保护实施条例》《野生植物保护条例》的调整。①驯养繁殖陆生国家重点保护野生动物由省级以上人民政府林业部门核发驯养繁殖许可证。②驯养繁殖国家一级保护水生野生动物，由国务院渔业行政主管部门核发驯养繁殖许可证；驯养繁殖国家二级保护水生野生动物，由省级人民政府渔业行政主管部门核发驯养繁殖许可证。③因驯养繁殖需出售、收购国家一级保护野生动物或其产品，由国务院野生动物行政主管部门或其授权的单位批准；出售、收购国家二级保护野生动物或其产品，由省级人民政府野生动物行政主管部门或其授权的单位批准。④经营非国家重点保护野生动物的皮张和加工、制作标本的，由野生动物行政主管部门批准。⑤出售、收购国家二级保护野生植物的，经省级人民政府野生植物行政主管部门或其授权的机构批准。禁止出售、收购国家一级保护野生植物。⑥设立对外国人开放的捕猎场所，由国务院野生动物行政主管部门批准。

（15）煤炭开采生产经营。受《煤炭法》的调整。①煤炭开采由省级以上人民政府国土资源主管部门核发采矿许可证，普通煤矿企业从事煤炭生产由省级发改委下属的煤炭主管部门核发煤炭生产许可证。②煤炭经营由省级以上人民政府煤炭主管部门核发煤炭经营资格证书，其中取得煤炭生产许可证的企业销售本企业生产、加工的煤炭产品除外。

（16）出版业。受《出版管理条例》《地图编制出版管理条例》《出版物市场管理规定》的调整。①出版单位由国务院出版行政主管部门批准，省级人民政府出版行政主管部门颁发出版许可证。②出版物印刷或复制业务，经省级人民政府出版行政主管部门许可。③报纸、期刊、图书的全国性连锁经营业务由国务院出版行政主管部门审查批准。④报纸、期刊、图书总发行由国务院出版行政主管部门审核许可。⑤报纸、期刊、图书批发由省级人民政府出版行政主管部门审核许可。⑥报纸、期刊、图书零售由县级人民政府规定的有关部门批准。⑦出版物进口经营由国务院出版行政主管部门核发出版物进口经营许可证。⑧地图出版由省级以上人民政府测绘行政主管部门批准。⑨省内出版物连锁经营企业设立由省级人民政府出版行政主管部门审批。⑩出版物发行单位由县级以上人民政府出版行政主管部门审批。

以上列举的 16 类合同标的类别，只是现实生活和生产经营中的一部分，有更多的类别还待读者自己在日常生活中去仔细地辨认与把握。随着时间的推移和经济运行的发展变化，上述内容中涉及的政策和法规也会做出相应的调整，因此要因势利导，审时度势，适时学习与及时查询，以免老观念碰到新问题而顾此失彼。

第二章 合同的资格关

本章重点：对合同的范围、企业性质、企业注册资金、合同效力与时效的审核。警惕产生无效、虚假，欺骗、欺诈等违规违法的合同。

在阐述了合同真实性一关后，签约主体的双方在签约前对有关证照进行了真实性审查后，并非马上就可以落笔签约，还必须严格地查阅对方证照上的内容，看看经营范围与方式、主体性质与形式、依法注册资本金、法律证件的时效，判断其是否具备签约资格，从主体的实质上去把关。下面就从五个方面逐节进行分析。

第一节 合同标的物、经营范围和方式审核

一、审核证照上的经营范围和合同的标的物

大家都知道，一份规范合法、有效的购销合同，其合同的标的与双方证照上的经营范围必须相符。（这里的经营范围是指专职监管部门、特殊行业监管部门以及工商行政管理机关核准登记依法确定的经营范围，而不是对方空口阔谈和名片、介绍信或广告上描述的经营范围。）如果超越经营范围，那就要认真检查是否签订了超越经营范围的无效合同。但是这里也必须弄清楚，不是说所有超越经营范围的合同都是无效合同，《合同法》也不可能详细具体划分和规定，那么怎样去区分是否超越经营范围呢？笔者认为是否超越范围，应从合同标的物的用途及去向两个方面去重点把握。

一种是合同标的物是直接进入生产领域或消费领域的，这种合同是符合

正常经营范围的。比如说，对方订购自用商品、生产原料、机器设备等，是符合正常的经营范围的，签订的合同就不能视为超越经营范围的合同。

　　另一种是合同标的物直接专用于转手倒卖，并与本企业核准的经营范围不相一致的，这份合同就很有可能是无效合同。比如说生产销售钢材的企业经营人员，持本企业执照去订立采购经销农药、化肥、食品类的标的物合同，无论合同订得多好，利润效益多高，它都是一份超越经营范围和主体不合格的无效合同。

　　标的物是否超越经营范围，有严格区分标准和要求，经营者务必遵守规则，特别是对一些特殊行业的经营范围，有特殊的要求和规定，根本没有跨行业范围经营的便利条件和变通余地。比如说农药化肥经营、食品经营、医疗器械经营与普通五金器械经营等，在经营范围上都要经过依法核定，没有商量的余地。但一般普通而相近的行业的经营范围，如小百货、什杂货、农副产品等的经营范围，在一定时期和特定环境下也受国家的各种法律、政策、条例的调整而不断变化，我们必须经常学习、熟悉和更新各种政策、条例、法规知识，才能更好地去把握。

　　二、审核证照上的经营方式

　　换句话说，经济类的合同要与企业经营方式相符，证照上都有对企业经营方式的核定，如生产制作、加工、批发、零售、服务等。有的企业经核定可以提供生产、加工、批发、零售一条龙的服务，但有的企业达不到一条龙服务的标准，要么生产、加工，要么批发、零售，要么专业服务。举个例子：一家超市的执照核定的经营方式应该是批发、零售，而绝对没有生产、加工的方式，因为生产、加工是生产企业的经营方式，而生产企业必须有它特殊的生产、加工的前提条件，才能申办生产、加工的企业执照，而那些大型企业的生产、加工、销售又往往都是由不同的企业主体去完成的。反过来说，经销商是可普及到市场每个角落的，而生产的厂家是不能商品销到哪里，厂就办到哪里的。但也有些生产和服务企业，将生产、加工、销售、服务联在一起，采用前店、后厂的经营模式，如餐饮、服装等等。总之，不管是提供一条龙服务的企业，还是专门化的规模企业，其证照上都有经营范围的具体规定。我们可以通过经营方式的规定来了解所签订的合同是否有效。比如说一家从事零售的食品经营企业，它不一定有生产加工食品的资格，可见查清经营方式也可为识别合同可靠性提供有力依据。

对证照上的经营范围和经营方式的查阅，在一定程度上能为你避免一些超越范围、超越权限的无效合同的出现。我们知道，无效合同自签订之日起，就没有法律的效力，不受法律的保护。

但这里需要指出的是，并非所有的超越代理权限签订的合同都无效，有些特定超越代理权的签约也是有效的，同样也受法律保护，比如说表见代理。1999 年 3 月 15 日，第九届全国人民代表大会第二次会议通过的《合同法》第四十九条规定：行为人没有代理权、超越代理权或者代理权终止后，以被代理人名义订立合同，相对人有理由相信行为人有代理权的，该代理行为有效。

为了弄清表见代理权与普通的代理权限的分别，这里还是通过实例分析来加深理解。例如：徐女士的丈夫帮房东建房时不幸摔伤住院，数月后，因拿不出医疗费，徐女士找到房东要求其支付费用，而房东要求签订一次性的私了协议，徐女士便以丈夫的名义与房东签订了协议，房东根据协议一次性付清药费数万元。此合同就属于一份有效的代理合同，这种代理属于表见代理。表见代理有三个要件：①代理人（行为人）不具有代理权；②相对人有理由相信行为人有代理权限；③第三人善意且无过失。《合同法》第五十条规定：法人或者其他组织的法定代表人、负责人超越权限订立的合同，除相对人知道或者应当知道其超越权限的以外，该代表行为有效。第五十一条规定：无处分权的人处分他人财产，经权利人追认或者无处分权的人订立合同后取得处分权的，该合同有效。

第二节　企业性质审核

在合同的资格审核中，通过证照对企业性质进行了解，以便增强对企业实质性的认识，从而为签约掌握更多的第一手资料。实际上对企业性质的调查是签约者签约的一个前提条件，因为企业性质决定企业的属性，同时也能反映企业的规模和级别。从简单的划分来看，企业性质有国有企业、集体企业、合营和合伙企业、私营企业、外商投资企业、个体工商户这几种，但在这几种属性的企业中，每种属性的企业又以各种不同类型的企业形象出现，下面对其中几种进行分析。

（1）国有企业：有国有独资有限责任公司、国有控股有限责任公司、国有控股的上市或非上市股份有限责任公司，还有其下属的层层节节的分公司，非公司的企业法人和非法人分支、分厂及生产车间常设机构，如银行、保险、电信、电力、中石油、中石化等。它们都是国有企业组织形式。

（2）集体企业：它是集体性质的企业，通常也有集团公司、有限责任公司、中外合资的投资公司，各种形式的厂、站，还有各种类型的农民专业合作社等等。而这些企业有的也存在很多分支机构，如分公司、非公司企业法人、营业单位、非公司法人分支机构、农民专业合作社分支机构等不同类别的经济组织形式。

（3）私营企业：它有自然人独资的一人有限责任公司、法人独资的一人有限责任公司，也有合伙企业、有限责任公司。

（4）外商投资企业：根据我国有关法律规定，在我国设立外商投资企业或机构的类型有中外合资经营企业、中外合作经营企业、外资企业、外商投资上市或非上市股份有限公司、外商投资企业分支机构、外国企业常驻代表机构、外商投资企业办事机构。

通过对企业的性质的摸查和分析，我们可以得出这样一个结论：不同性质的企业，有其相同和不相同的类型和经营组织形式，可见我们面对企业主体签约，既要重视性质的分析，又不能把企业性质作为唯一的参考。在市场经济的体制下，不论国营、集体还是联营或个体都有其优势和弱势的一面，都有其风险和效益，不能一概而论，但归根结底，通过对企业性质的分析，能尽量完善合同，避免与无签约资格的企业签订合同。比如说，许多公司下属的分支机构和营业单位不是法人，不具备签约资格，若要签约应有上级公司提供的法人授权委托书，方有资格签署合法有效的合同。

第三节　　依法注册资本金审核

签约前，对新接洽的或情况不熟悉的企业，除查看其经营范围、性质外，还应重点查看一下企业证照上的注册资金或注册资本或成员出资总额，不论是资金、资本还是出资总额，其数目都是对企业规模和经济实力的一种依法核定的事实。换句话说，注册资本金代表的是企业注册的含金量。

但也有人说企业经营时间一长，情况变化不断，你怎能肯定证照上的信息是准确可靠的呢？有这个担心是正常的，但证照上的信息绝大多数不会离谱，因为企业经营执照每年都由工商部门和其他有关证照的职能管理部门专门进行年报统计，有的还需经过换照、验照等审查和核实。如被发现有抽逃企业资本金和其他违法行为，企业都将受到依法处理，直至吊销营业执照。如遇重大亏损，资不抵债，资本金与证照所载严重背离，或企业发展较快，实际资金大大超过证照的注册资本金，职能部门也会建议企业进行注册资本的增资或减资调整。不过在现实中也有相当一部分企业扩大再生产后，实际资本大大超过注册资本而未及时办理增资手续，所以说在签约前必须多做一些调查咨询。

一般在一次性成交的购销合同中的标的额，不得超过证照上核定的注册资本金或出资总额。因为资本总额的注册是登记机关依法审查核准的，具有法律效力，一般在申办执照时工商部门的档案里就专门有注册资本的档案材料，农村农户成立的专业经济合作社在工商部门的档案里也有全体成员的出资总额的材料，独资企业和公司以及一些国营、集体企业的执照和档案里也都载明注册资本金。如果一次性成交的合同金额超过其依法核准的注册资本金，那就得十分小心，以防超越承受能力导致合同难以履行，甚至出现虚假和欺诈合同。

证照上的资本金与现实经营中签订的合同一次性成交额是否相符，应成为签订合同时必须调查的内容之一，这里顺便举个真实的例子以供参考。浙江省龙游县有家茶厂，前些年与福州市某农产品供销企业签订了一份茉莉花茶购销合同。合同约定由该茶厂供应福州市某农产品供销企业二级、三级茉莉花茶，合同一次性成交金额30万元，合同签订时需方预付货款的30%，余款提货后一个月内付清。合同签订后，供方到当地工商部门要求帮助查询需方的经营信誉和企业的经济实力情况，经过查询得知需方是家合伙经营企业，企业注册资金只有15万元人民币，并且经济效益欠佳，企业负债较多，而法院正在立案受理其负债案件。当时工商部门也及时告诫（供方）龙游厂方，并指出，虽然双方合同在主体经营范围等方面都相符，但合同金额与需方注册资金相差太大，该企业负债累累，建议撤销合同停止履行。当时供需双方都有想法，供方认为滞销产品找到销路实在不容易，少了客户可惜，需方认为将到手的东西又失手，痛失机会。后经咨询得知需方准备将这 30 万元茉莉花茶进行转手抵债，幸好供方咨询工作做得及时，了解对方的动机后马上采取紧急措施，避免了一场合同纠纷，绕过了一个合同陷阱，使企业的合法权益得到了保护。

　　但是，也不是说所有的合同金额都不能超过注册资本金，比如说在市场的交易中，有的企业之间为实现交易的需要，一年或一季度订一份合同，分批分期交货付款。像此类的合同，它的总成交额有时就大于等于证照上的资本金，这也属正常的合同订单交易行为。不过分批的每一次的成交额不能超过其注册资本金的总额。如果超负荷运行，万一企业亏损、倒闭，无论你采取依法处理的措施，还是互相协商，都将造成较大的风险，失去法律应有的保障系数。如果每次成交额小于注册资本金，那么万一出现什么意外，走法律途径的保险系数相对要大得多。如果出现违约，还可以采取中止履行合同、依法保全财产和留置措施，防止出现下批交易的损失。

第四节　合同效力审核

　　对合同范围、性质、资本进行调查后，还必须认真地审核证照与合同的效力。因为合同效力也有其多样性，我们必须掌握审核证照与合同的效力的要领，在实际运用中做到脚踏实地、心中不慌、仔细了解。

一、证照效力

　　国家对生产经营企业、个体工商户也都根据不同行业，由不同的监管部门颁发其行业和专业的资格证书（不论是前置还是后置），而且有些资格证书上都明确规定了其有效期限。到期后，职能部门又会依法重新确定或延续时间。但是也有极少数企业和经营户因亏损、倒闭停业或外出躲避债务，证照遗失、不验、不换，也不报，未及时去职能部门申请注销而导致证照过期失效。总之，审核证照时一定要注意观看证照的有效期，千万不能以超过有效期限的证件作为签订合同的证据。

二、合同的效力

《中华人民共和国合同法》第四十四条至五十二条做了详细的规定，依法成立的合同自成立时生效。一般在不违反法律法规的情况下，只要内容、程序合法，双方签字后，合同也就生效了，但也有特殊情况需附加条件才能生效。

1. 设附加条件生效的合同

《合同法》第四十五条规定：当事人对合同的效力可以约定附加条件，附生效条件的合同，自条件成就时生效；附解除条件的合同，自条件成就时失效。当事人为了自己的利益，不正当地阻止条件成就的，视为条件也成就；不正当地促成条件成就的，视为条件不成就，讲到这里举个例子。

2010 年 1 月 8 日《中国剪报》第 8 版刊登了一篇由李轩雨、刘思惠写的题为《住了大半年的房子飞了》的文章，摘文如下：

李先生和妻子都是湖北人，因为妻子患有心脏病，天气一冷就容易发病，想到海南，冬天气温高，于是李先生便带妻子来到海口居住。2008 年 11 月，李先生通过中介，看中了海口市龙昆南路皇家花园的一套二室一厅的二手房，面积 70 多平方米，价格每平方米 2600 元，总价 19 万元。经过与房主协商，双方最终签订房屋买卖合同，约定李先生以 18 万元价格购买该套房屋。合同签订后，李先生按约定履行了相关付款手续，包括交付了 2 万元定金和 9 万元首付款。随后李先生按合同约定，于 2009 年 2 月搬进该房屋居住，而且一住就是大半年。2009 年 11 月 16 日，一位陌生小伙子来到李先生家，要看自己的房子，李先生认为此人是骗子，拒绝他进屋。

第二天，小伙子带来了房产证，说："大叔我不是骗子，这就是我的房，我还有房产证呐！"看到小伙子如此认真，李先生糊涂了："可这是我的房啊！我是付钱买的啊！"争执中，两人都觉得这其中存在问题。原来，李先生当初在和房主签完合同后，因为种种原因，双方并没有及时办理房屋产权过户手续。然后，随着房价日益走高，现在该套房屋市场价达 30 万元，原房主于是突然反悔，偷偷把房子卖给了另外一个人，双方办理房屋过户手续。对于房主的这种"暗箱操作"和不诚信行为，李先生十分生气，找到房主理论，房主称他愿意按合同约定返还李先生已付房款，并双倍支付违约金

（原定金）4万元。李先生找到律师欲起诉房主，要回房屋。针对这一事件，海南正凯律师事务所李武平律师认为，李先生不能要回房屋，只能要求房主赔偿损失。他解释："一般情况下，只要合同符合法定构成要件，合同就成立并能生效，比如房屋、车辆等所有权的转移，就必须登记过户，否则所有权不能自然转移。"

　　从以上这个案例，我们可以看出有的约定并不是双方签了合同就生效，还必须经过登记手续才能生效，暂不去评论该案的处理正确与否，但毕竟造成了明显的合同纠纷，带来的是麻烦和损失。在日常生活中除房产交易合同外，还有机动车辆、船舶等的二手交易都得办理过户手续，满足附加条件使交易合同生效。

　　2. 约定附期限的效力合同

　　根据《合同法》第四十六条规定，当事人对合同的效力可以约定附期限，附生效期限的合同，自期限届至时生效，附终止期限的合同，自期限届满时失效。

　　3. 需追认的有效力的合同

　　因行为人没有代理权、超越代理权或者代理权终止后，以被代理人名义订立的合同未经被代理人追认，对被代理人不发生效力，由行为人承担责任，但相对人可以催告被代理人在一个月内予以追认，被代理人未做表示的视为拒绝追认。合同被追认之前，善意相对人有撤销的权利，撤销应当以通知的方式做出。还有一种情况，无处分权的人处分他人财产，经权利人追认或者无处分权的人订立合同后取得处分权的，该合同有效。

　　4. 无效合同

　　我们在日常生活和经营活动中，也经常碰到许多不受法律保护的无效经济合同，因为无效合同自合同签订之日起就不受法律保护。那么我们如何确定什么样的合同是无效合同呢？

　　《中华人民共和国合同法》第五十二条规定确立了五种无效合同的类型：

　　（1）一方以欺诈、胁迫的手段订立合同，损害国家利益；

　　（2）恶意串通，损害国家、集体或者第三人利益；

　　（3）以合法形式掩盖非法目的；

（4）损害社会公共利益；

（5）违反法律、行政法规的强制性规定。

对有重大误解订立和订立时显失公平的合同，比如一方以欺诈、胁迫的手段或者乘人之危，使对方在违背真实意思的情况下订立的合同，受损方有权请求人民法院或者仲裁机构变更或撤销。还有一些违反法律法规的协议也是无效合同，比如夫妻双方离婚时，为保证照顾双方的子女，离婚协议规定任何一方再婚不得再生子女，若违约承担违约金多少万元等，这就是一份有悖法律、法规规定的合同，纯属无效合同，应撤销。

对无效合同的处理，《合同法》第五十六条也做了明确规定，无效的合同或者被撤销的合同自始至终没有法律约束力。合同部分无效，不影响其他部分效力的，其他部分仍然有效。合同无效被撤销或者被终止的，不影响合同中独立存在的有关解决争议方法的条款的效力。合同无效被撤销后，因该合同取得的财产应当予以返还，不能返还或者没有必要返还的，应当折价补偿。有过错的一方，应当赔偿对方因此所受到的损失，双方都有过错的各自承担相应的责任。

通过对合同效力的讨论分析，我们可以清楚地看到，订立合同时不仅要认真仔细，而且要多方位考虑，才能保证合同真正产生法律效力，才能真正发挥合同的作用。

三、合同效力的不确定性

除了违规违法合同应被确认为无效外，在现实生活中，合同效力也存在诸多不确定性。有的当事人双方由于种种原因，对同一标的的合同过几天又签一份，出现多份重复合同，后签的合同既不属于补充协议，又未终止前面那份不同立意的合同或条款，像这样的合同在履行的过程中很容易出现纠纷，而且纠纷的调处和判决、裁定难度会增加。2014 年 5 月 12 日《北京晚报》就刊登了一篇孙莹同志写的题为《离婚拉锯战 三份协议哪个有效》的文章，现摘录如下。

北京人刘晓娟和丈夫王德松有着 5 年的婚姻，夫妻俩感情不错。两年前，刘晓娟生下一个儿子。她坐月子时，在广告公司做业务经理的王德松因为嫖娼被拘留了，刘晓娟只觉得五雷轰顶。在调查中，王德松承认此前曾二次嫖娼。最终，他被拘留 15 天，并处劳动教养半年。刘晓娟看在孩子的分上，决定给丈夫一次机会。

王德松被释放后，总觉得对不起妻子，便与妻子签订了《夫妻财产约定协议书》，将婚后购买的登记在妻子名下的房产约定为她个人所有，并办理了公证手续。

由于多次应聘未果，王德松开始酗酒，还对刘晓娟实施家庭暴力，刘晓娟提出离婚。王德松同意，但他提出在《离婚协议书》中必须约定将房子归自己所有，他可以补偿刘晓娟 79 万元，85 万元存款一人一半。

刘晓娟为了早点摆脱折磨，同意了丈夫的要求。没过两天，王德松又起草了一份《离婚协议书》，对刘晓娟说："我觉得给你的补偿太多了，我只同意给 60 万元。愿意你就签字，不愿意你可到法院起诉。"刘晓娟只想速战速决，于是又在新的协议书上签了字。可双方约着去民政局办理离婚手续时，王德松又爽约了，他说如果刘晓娟非要离婚，就净身出户。

刘晓娟忍无可忍，向法院提起离婚诉讼，要求孩子归自己抚养，王德松支付抚养费，家中的房产和存款都归她所有，王德松还要支付她精神损害抚慰金 5 万元。

开庭时，王德松不认可《夫妻财产约定协议书》的内容，表示是在嫖娼事发后的特殊情况下受到刘晓娟胁迫，违反其意志所签。而双方曾签有两份《离婚协议书》，应按照第二份的约定进行分割。

《婚姻法司法解释（三）》中规定：当事人达成的以登记离婚或者到人民法院协议离婚为条件的财产分割协议，如果双方协议离婚未成，一方在离婚诉讼中反悔的，人民法院应当认定该财产分割协议没有生效，并根据实际情况依法对夫妻共同财产进行分割。

法院认为，双方感情已破裂，准予离婚。婚后双方共同购买的房屋，因双方约定归刘晓娟单方所有并做了公证，王德松虽然否认其效力，但没能提供任何证据来证明其主张，因此该《公证书》真实、合法、有效。双方签署的两份《离婚协议书》，因协议离婚未成，故不具备相应的法律效力。

法院宣判：鉴于王德松存在嫖娼和家庭暴力等重大过错，婚后房屋所有权归刘晓娟所有，存款 85 万元中 45 万归刘晓娟所有，剩余 40 万归王德松所有。孩子的抚养权归刘晓娟行使，王德松每月支付 2000 元抚养费至孩子年满 18 周岁止。另外，法院判定王德松赔偿刘晓娟精神损害抚慰金 2 万元。王德松不服提出上诉，上诉法院维持原判。（文中当事人为化名）。

我们看了以上案例就能明白，有的合同其效力存在着不确定性，应务必慎重把握。

第五节　法律证件的时效审核

时效，顾名思义，就是所有证件、文件、法律、法规、规则和行为秩序的规定都有其有效的时间范围。我们今天讨论的查时效，主要从两个角度去把握：一是在签订合同前审核的所有证照上的有效期，即证照时效；二是在签订合同后，在履约的过程中发生纠纷时的民事诉讼时效。

一、证照时效

在合同签订前，一般都要审核对方的证照，除查内容、性质外，还得仔细查看证照的有效期限，对期限的审核可避免签订超时效无效合同和欺诈合同，也可确保合同的效力，这个问题在第四节检查合同效力的开头就重点探讨过，本节就不再重复讲了。本节重点讲合同签订后，发生纠纷进行民事诉讼的时效问题。

二、诉讼时效

民事诉讼时效是指权利人于一定时间内不行使请求人民法院保护其民事权利的权利，即丧失该权利，人民法院对其民事权利不再予以保护的法律制度。诉讼时效制度是民法中的一项重要制度。世界各国的民法中都有关于诉讼时效的规定，因为其对维护市场秩序、稳定社会关系、促进司法公正、提高司法效率具有重要意义。关于民事诉讼的时效问题，2017 年 3 月 15 日第十二届全国人民代表大会第五次会议通过、2017 年 10 月 1 日起施行的《民法总则》第九章专门作出了规定。

《民法总则》第一百八十八条规定："向人民法院请求保护民事权利的诉讼时效期间为三年。法律另有规定的，依照其规定。诉讼时效期间自权利人知道或者应当知道权利受到损害之日起计算。法律另有规定的，依照其规定。但是自权利受到损害之日起超过二十年的，人民法院不予保护；有特殊情况的，人民法院可以根据权利人的申请决定延长。"

也有些情况不适用诉讼时效的规定，如《民法总则》第一百九十六条规定："下列请求权不适用诉讼时效的规定：（一）请求停止侵害、排除妨碍、消除危险；（二）不动产物权和登记的动产物权的权利人请求返还财产；（三）请求支付抚养费、赡养费或者扶养费；（四）依法不适用诉讼时效的其他请求权。"除此之外，有许多法律在时效期间方面根据不同情况作了特别规定，下面举几个例子。

（1）《合同法》对国际货物买卖合同和技术合同、进出口合同争议的诉讼时效作了特别规定。《合同法》第一百二十九条规定："因国际货物买卖合同和技术进出口合同争议提起诉讼或者申请仲裁的期限为四年，自当事人知道或者应当知道其权利受到侵害之日起计算。"

（2）《产品质量法》就产品缺陷造成损害要求赔偿的，对诉讼时效作了特别规定："因产品存在缺陷造成损害要求赔偿的诉讼时效期间为二年，自当事人知道或者应当知道其权益受到损害时起计算。因产品存在缺陷造成损害要求赔偿的请求权，在造成损害的缺陷产品交付最初消费者满十年丧失；但是，尚未超过明示的安全使用期的除外。"

（3）2014年颁布的新《环境保护法》对环境污染损失赔偿责任诉讼作了特别规定。《环境保护法》第六十六条规定："提起环境损害赔偿诉讼的时效期间为三年，从当事人知道或者应当知道其受到损害时起计算。"

（4）《保险法》对保险赔偿诉讼时效作了特别规定。《保险法》第二十六条规定："人寿保险以外的其他保险的被保险人或者受益人，向保险人请求赔偿或者给付保险金的诉讼时效期间为二年，自其知道或者应当知道保险事故发生之日起计算。人寿保险的被保险人或者受益人向保险人请求给付保险金的诉讼时效期间为五年，自其知道或者应当知道保险事故发生之日起计算。"

（5）《票据法》第十七条规定，票据权利在下列期限内不行使而消灭：①持票人对票据的出票人和承兑人的权利，自票据到期日起二年；见票即付的汇票、本票，自出票日起二年；②持票人对支票出票人的权利，自出票日起六个月；③持票人对前手的追索权，自被拒绝承兑或者被拒绝付款之日起六个月；④持票人对前手的再追索权，自被拒绝承兑者或者被拒绝付款之日起六个月，持票人对前手的再追索权，自清偿日或者被提起诉讼之日起三个月。票据的出票日、到期日由票据当事人依法确定。

还有一些部门法根据时间、地点、内容的不同而不断地进行调整，必须以当时的法律法规为准，这里只是根据本书写作时的法律法规。只要在时效的期间内都受法律的保护，都有诉讼的权利，不妨在这里举个例子以供参考。2010 年 2 月 6 日《衢州日报》第九版的"律师热线"栏目中，刊登了一篇题为《借款人已死，我该起诉谁?》的文章，现摘录如下。

一位不愿透露姓名的读者来信咨询：经人介绍，我于 2007 年 7 月 18 日将 4 万元钱借给项某，约定借期为 6 个月，定于 2008 年 1 月 18 日归还。在《借条》上有借款人项某及其担保人毛某的签名。此后，我收到 7 月份至 10 月份四个月的利息。11 月份项某意外死亡，出事的第二天毛某打电话告诉我，叫我放心。因在此之前，项某曾以毛某的名义，将 3.5 万元借给严某，项某死亡后，项某的父母同意等严某还钱后，用这笔钱还我。2008 年 4 月份，毛某向我归还 1.5 万元，尚欠 2.5 万元。当再次催促毛某归还余款时，毛某以严某拖欠未还以及自身资金周转困难为由，一直拖欠未还。当我提出要求诉讼时，毛某称应当起诉项某的遗产继承人项某的父母，而不是担保人。请问借款人项某已死，我为了实现债权，该起诉项某的父母，还是担保人毛某呢？

本报法律顾问、高级律师郑家驻解答：该《借条》担保栏上有毛某的签名。担保人即《担保法》第六条规定的保证人："本法所称保证，是指保证人和债权人约定，当债务人不履行债务时，保证人按照约定履行债务或者承担责任的行为。"既然毛某是保证人，当借款人项某已死，你就有权单独向毛某主张权利或提起诉讼，实现你被拖欠的 2.5 万元。不过作为债权人，应当注意不要超过保证的诉讼时效。《担保法》第二十五条、第二十六条分别规定了一般保证的保证人、连带责任保证的保证人，应在规定的期限内行使债权，未在期限内行使债权的，会发生免除保证责任的后果。以你提供的《借条》内容看，你与保证人毛某未约定期限，根据法律规定，毛某应是连带责任保证的保证人。只要你有证据证明，你在项某的债务到期的 2008 年 1

月 18 日起的 6 个月内，曾向毛某主张过权利，则保证人毛某的保证责任是未被免除的。如果你起诉毛某，要毛某一个人承担还款责任，你是会得到法院支持的。毛某称不应当起诉他的说法是不成立的。

至于你是否要起诉项某的父母，前提是要举证证明项某有遗产。《继承法》第三十三条规定："继承遗产应当清偿被继承人依法应当缴纳的税款和债务，缴纳税款和清偿债务以他的遗产的实际价值为限。超过遗产实际价值部分，继承人自愿偿还的不在此限。继承人放弃继承的，对被继承人依法应当缴纳的税款和债务可以不负偿还责任。"你可以根据上述法律规定，决定是否起诉项某的父母。

你来信提到的毛某借过 3.5 万元给严某的事，在法律上毛某是严某的债权人，你不能直接向严某主张权利，除非毛某愿意将债权转让给你。毛某应按《合同法》第七十九条和第八十条的规定，用书面形式通知严某，你成为严某的债权人后，才可以向严某主张权利。

从这个例子我们可以看出，只要是在法律法规的规定时效内，人死效力在，只要有确定的证据和合同，那么担保、继承就受连带的牵制，其权利义务都有履行的规则，可见时效何其重要。

第三章　合同的条款关

本章重点：强调合同条款要齐全，用语要准确，标点要清楚。避免漏条缺项、语言错乱、标点误用等。

合同条款是合同的重中之重，是确保合同标的物实现的根本所在，也是合同履行过程顺利的保证，更是监督标的物保质保量如期实现的条件和依据。不论是合同的句式、条款，还是合同条款中的"一字""一点"都值千金，所以说形成合同条款的过程，是一个认真仔细、反复推敲、周密完整、科学合理构思的过程。反之，如果合同条款粗糙简单，留下的后患有可能是纠纷或接二连三的官司。为此，笔者想对本章进行重点阐述，具体分为三节：一是条款要齐全，二是用语要准确，三是标点要清楚。

第一节　合同条款要齐全

一份合同肯定有内容和标的构成，针对合同标的，该写的条款、该预计到的变化状况，都应该一字不漏地表述出来。这是一个合同形成无法回避的过程，就以经济合同为例，其一般应具备五大要素，即时间、地点、数量、质量、付款办法。但不同的经济合同会有许多不一样的条款内容，其表现形式也不同，日常的商品购销合同通常有 13 条以上的条款，除五大要素外，再加上运输方式、验收办法、损耗责任、包装标准、担保形式、违约责任、解决合同纠纷的方式、其他约定事项。还有许多特殊行业的合同条款可达数十条以上，这都由标的物而定。

但是在日常生活中，人们在签订合同时往往受文化程度、情感面子等因素的影响容易将合同条款简单化，将很多应写应填的条款随便地舍弃或遗漏掉，有的甚至三言两语草草了事，有的即使写了也是有上句没下句，漏洞百出，下面就讲三点最常见、最易犯的毛病。

一、合同条款有上句没下句、话语不周延或表达不穷尽的逻辑错误

这是带有普遍性的问题，在现实生活中屡见不鲜，其表现形式较多的有欠条、借条、收条、收据、借据、条子、证明、说明、记录、协议、契约、草签、意向合同、遗嘱、遗书、分书等等，现就从最简单的借条说起。在经济合同纠纷的仲裁中，曾出现过这样一场申诉官司。

事由：王某借了李某 1000 元钱，多年未还。李某多次要求王某归还欠款，王某不但不积极配合还款，而且还有不认账的态度和表现。李某无奈之下，提起申诉，想通过仲裁收回欠款，同时还想澄清事实出口气。

借条原文是"今借到李××人民币 1000 元整，特立此据，借款人王××，1990 年 10 月 10 日"。

立案开庭辩论如下：

申诉方提出四点要求：

1. 要求归还欠款 1000 元；

2. 要求承担一定的银行利息；

3. 要求承担违约金；

4. 要求被诉方承担因违约而造成的申诉费用。

被诉方委托的法律工作者章××等申诉方话音一落，就马上围绕借条提出了六个问题进行辩解：

1. 申诉方你是否诉错了，你们本村就有两个同名同姓的李××，我的被代理人李××没向你借过钱；

2. 李××没做过什么大事情，向你借钱干什么；

3. 假设是我的被代理人李××借的款，在借条上也没写违约金；

4. 借条上没有写明要付利息；

5. 借条上未写是否要归还、何时归还，我想何时归还就何时归还，即使困难还不起又有何妨呢？借条上没规定；

6. 你那个 1000 元，是真是假我有怀疑，也许是 100 元，也许是 10 元，后面那个 "0" 你自己随时可加……

被诉方的法律工作者发言，紧紧抓住借条中的一字一句进行咬文嚼字、针锋相对的辩驳，而忽略了情感交流、和睦沟通的调解方式，一时激怒了申诉方，申诉方情绪一转，当场指着被诉方破口大骂，造成双方情感关系破裂，使经济合同纠纷仲裁庭一下转为民事治安纠纷调解处，双方争辩夺理互不相让。后经多方劝阻和协商，案件最后达成调解协议。

在以上这份借条中，我们可看出其存在不少的问题，从这个法律工作者不论有理还是无理、合法还是不合法的辩论中，我们也得到一些启发。仔细琢磨这份借条，其起码存在着以下 6 个问题：

（1）李某和王某是何县何乡何村何组人未表达清楚。

（2）借款项的数字没有大写，容易被篡改。

（3）借款用途未表述，不便于回忆。

（4）没有写明归还期限。

（5）没有明确借款利息。

（6）缺少违约责任条款。

其实我们在平时也会疏忽大意，不是漏这就是丢那，不是漏词、漏字就是没有运用正确的标点符号，该大写的却用了小写，该连行续写的却空格空行续写，这里错词那里错字，不写归还时间和借资时间，没有当事双方的单位或地点，有的甚至没有出借人和借款人的姓名，有的借款人到还款时还不知借条上自己没签名，有的出借人只看到有张借条就行，根本不审查内容和详细情况，严重缺乏法律意识。这些借条在和谐的关系中很少出问题，但一旦进入法律程序和申诉、起诉的官司场合，那只有凭借条作为事实依据。所以说我们不要小看一张借条，这里面也大有文章可做，平时看着借条很简单，其实越简单的东西有时难度越大，越容易出问题。现将上面案子里的问题借条用图表示如下。

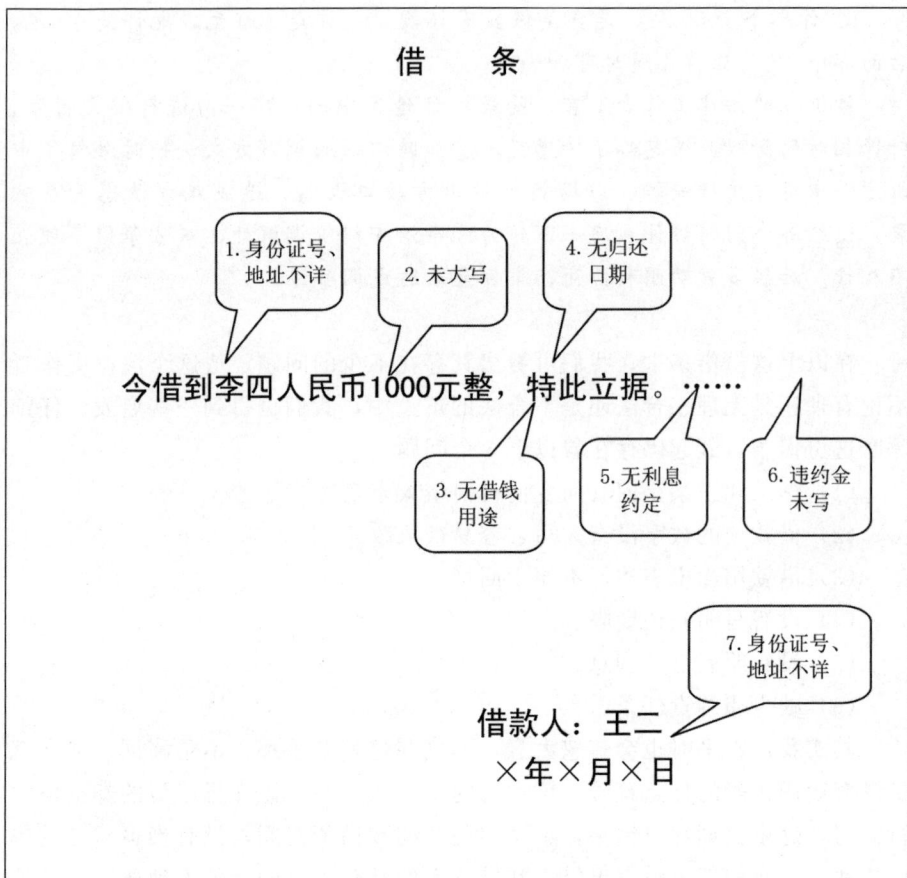

问题借条，起码存在七大缺陷

《中国剪报》曾登了一篇题为《借条被涂改，还了钱变没还》的报道，正文如下：

昔日情同姐妹的杨女士和丁女士，为一张被涂改过的借条，在法庭上各执一词。目前，上海徐汇区法院作出判决，对原告杨女士要求被告丁女士归还 33 万元的诉讼请求不予支持。

杨女士诉称，当年丁女士知悉杨家需要用钱，称自己可以办到贷款，让杨女士用房产向银行抵押。但杨女士一直没能拿到其中两处房屋抵押的所得款项，经多次催讨，丁女士于 2005 年 12 月 30 日写下借条，言明该两处房屋的贷款将由她向银行偿还，到时剩下的款项用拆迁补偿款来还，但丁女士至今没有归还贷款。

丁女士表示，33 万元贷款是杨女士要求丁女士代为向朋友领取的。谁想杨女士拿到钱去赌博，钱输光后，杨女士找到丁女士，要求丁女士写一张借条，用以欺瞒家人。考虑到没有借款事实发生，所以丁女士特别在借条里写了"还清她了"，谁想杨女士拿到借条后竟然将"了"字涂掉，混淆事实真相。

根据杨女士向法庭提交的借条原件，落款处"一次性还清她"，"她"之后确有明显涂改过的痕迹。法庭认为按照常理，对于出借如此巨额的钱款，借条中语言的表述、指代都应明确无误，没有歧义。如有涂改，一般应重写或在涂改处签字，如可能引起歧义的，应重写或签名。按照我国的文字结构、语法结构，本案借条中表述的"她"后面无须再有其他文字。对于这张易引起歧义及涂改严重的借条，原告未能充分举证确认借款是否存在，故法院对于原告之说难以采信，作出诉讼请求不予支持的判决。

这个例子充分说明了借条简单易改而带来的麻烦。

为了解决因书写简单而产生的麻烦，这里介绍《中国剪报》刊登的曾凡新先生写的《正确书写欠条、收据》一文，部分摘录如下。

1. 要求书写字据，注意妥善保存。根据最高人民法院《关于人民法院审理借贷案件的若干意见》第四条的规定，人民法院审查借贷案件的起诉时，应要求原告提供书面借据，无书面借据的，应提供必要的事实根据。对于不具备上述条件的起诉，裁定不予受理。由此可见，出借双方书写相关字据很重要。字据不仅要立，而且还要写得很规范，并妥善保存。

2. 格式应规范、清晰。建议使用欠条、收据等字据的规范格式。一个完整的欠条主要包括四个要件：债权人、债务人、欠款内容以及归还时间。当然还包括签名及时间等内容。收据则应包括五个要件：交纳人、收取人、交付人、理由、交付内容以及交付时间。

3. 形式注意事项。书写字据时，应注意字里行间不宜有空格和空行，否则容易被持据人增写其他内容。不要用易褪色、变色的笔书写，钢笔最好用黑墨水或者蓝黑墨水。若用铅笔、圆珠笔或其他易褪色的墨水写字据，遭遇保存不当受潮或水浸时字迹会变得模糊不清，亦可能为别有用心者利用化学制剂涂改创造机会。

4. 标的物。全额应写清楚，借款还款、借物还物都应写清楚全额，数量最好使用大写数字以防止涂改和伪造。尽量避免数字前留有空格、小数点位置不准确等情况，这些都易被持据人添加数字或作修改。

5. 内容表述要清晰，语句不可大意，顺序不能颠倒……

6. 签名盖章不可小视。署名要署真名，化名、代号、名字谐音都不规范，最好以身份证上的姓名为准。由别人代笔书写字据或代笔签名，而本人只在上面按一个手印，也容易引发纠纷。有些人习惯于盖章，但盖私章在法律上的效力并不高，没有备案的私章谁都能刻，签字盖章时，各方当事人都应在场，以防被人冒充替换。

7. 利率要注明。《合同法》第二百一十一条第一款规定：自然人之间的借款合同对支付利息没有约定或者约定不明确的，视为不支付利息。依据相关法律规定，民间借贷的利率可以适当高于银行利率，但最高不得超过银行同期贷款利率的四倍（包括利率本数），而且出借人不得将利息计入本金谋取高利。若是将利息计入本金计算复利的，其利率超出前述四倍限度时，超出部分的利息不予保护。在民间借贷中，不要因为是亲朋好友，碍于面子口头约定，而不写明收取利息及利息标准。利率、利息和本金的比率，主要表示方法有：①年利率用"％"表示；②月利率用"‰"表示；③日利率用"‱"表示。

8. 注意认真核对字据。在书写字据后，双方应当认真核对，如有遗留或者差错，应当立即修正，最好是先写好草稿，而后照定稿抄写，必要时可找第三人对字据字斟句酌，切忌稀里糊涂就签字盖章……

以上八点就是最简单的欠条和收据的书写要求，也是在日常生活中经常碰到的一些问题，我们在写字据时都应冷静仔细，多留个心眼，尽量避免出差错。这里辨析一下借条、欠条、收条三者的区别。2011 年 8 月 10 日《中国剪报》刊登了严爱华老师写的《如何区别"三条"》一文，现摘录如下。

借条、欠条与收条虽然只有一字之差，但在现实生活中很容易将三者弄混，"三条"在法律层面上有较大的差异，适用的诉讼时效起算点也不一样。

借条：是一种证明借款关系的合同，仅凭它可以很简单地证明借款关系，法律上借贷关系比较明晰，无须其他证据予以佐证。借条诉讼时效是两年[①]。有还款期限的，从还款日起算诉讼时效；如果借条上没有写明偿还时间，出借款项的一方可以随时主张权利，诉讼时效从出借人第一次追讨借款时间起算。当出借人再次主张权利时，诉讼时效中断，重新起算。但如果出借人在借款人出具借条的 20 年内不主张权利，就失去了胜诉权。

欠条：是对以往双方经济往来结算后确定的债务关系，表明自欠条形成之日起，双方之间形成的纯粹债权债务关系。借款肯定是欠款，但欠款则不一定是借款。欠条的诉讼时效同样是两年，但却是从"欠条"上写明的日期起算诉讼时效。

收条：是收到钱、物一方，写给送交者的凭据。仅凭收条，不能认定出具收条的一方和拿到收条的一方之间存在关系。

二、规范的合同文本格式填写不规范

现今许多合同主管和监管部门，先后印制和监制过一些规范性的合同文本，合同双方只要持这种文本认真地阅读和填写，就可以把好合同签订中的条款关。

可在现实中有不少人认为对方是熟人、朋友、老客户，自有信任度，别写得那么认真。所以在一些条款的空格里有的简单书写马虎行文，根本不进行咬文嚼字的分析和考虑，有的随心所欲、文不对题、颠三倒四地乱填写，有的语词表述不清楚，有的用词、用字概念模糊，有的语句不规范，还有的甚至斜线一条，略去不写，成为一种有较大风险的病态合同，从而常常导致有理败官司的结果。比如说违约责任一栏，很多人就是故意不写，认为不会到达翻脸的这一步，互相信任度很高，开始订合同就提违约责任，这不但不

---

① 2017 年 10 月 1 日起施行的《民法总则》第一百八十八条规定："向人民法院请求保护民事权利的诉讼时效期间为三年。"因此，现在借条、欠条诉讼时效是三年。

吉利，而且还伤了感情等等，但是当纠纷出现了就互相争辩违约金的高低与多少，违约理由的对与错，履约过程的是与非，酿成责任的大与小。因为违约牵涉到违约金赔偿问题，对于违约金的规定，其本身就有一个较大的幅度，可以是百分之一，也可以是百分之五，有的约定违约金（如专用产品）达到百分之三十。到底执行哪种标准也带来了争议和解决的难度，签约时不愿当"小人"，论理时又难做君子，这就自然出现一种顾此失彼的局面。

三、合同条款缺陷多

现实生活中有很多自行成文的合同条款缺陷相当多，这些缺陷的产生有主观因素，也有客观因素。书写人因文化程度低、法律意识欠缺、专业知识浅薄，时常会出现考虑问题比较简单，缺少对合同条款的完整性的分析和研究，在另一方面也存在着碍于情面、马虎、草率，对合同的真实意义认识不足的问题，所以在合同行文中就自然而然播下一些隐患种子，造成被动局面。这里就举一个房屋租赁合同条款的例子供参考。

相对完整的房屋租赁合同条款应该有 13 条：①双方当事人的姓名和住所；②房屋坐落地址，包括路牌门号；③房屋面积；④出租时的装修及设施状况；⑤租赁用途；⑥租赁期限；⑦租金交付形式；⑧房屋修缮责任；⑨转租约定；⑩变更和解除合同条款；⑪收回时房屋配套要求和固定装修物；⑫违约责任；⑬当事人约定的其他条款。如果在充分考虑以上 13 个条款后，再着手详细制订房屋租赁合同的具体要求和标准，那么这份合同虽算不上很完美，也应说是基本条款具备，只要你仔细按条款的要求填写清楚、表达完整，那么合同纠纷的发案率就会相对减少。

对于其他商品经济交往合同也是一样，有规范合同文本最好使用规范文本，如没有规范文本，那可参照以上房屋租赁合同的例子，看它们之间是否有关联性。根据合同标的物当时当地的实际状况，对有些内容还要增加一些特殊条款，这也都是正常的，要视合同标的和双方的交易要求而定。我们不能保证签万无一失的合同，但对一些容易被误写的条款，该讲的话要尽量做到不漏、不避、不省、不随意涂改、不怕麻烦、不怕拉下面子、不怕为"小人"事，一一如实书写，做到亲兄弟明算账，好朋友清条款。只有这样，才能使合同条款完备起来。

第二节　合同用语要准确

在合同条款齐全的基础上，又必须掌握好合同条款中的用语，做到合情、合理、合法。从经济合同纠纷的特点可以看出，因用语、用字的不准确而出现的问题占了不少比例，有些还因用错语、词、字输了官司，受了怨气。下面就从模糊性词语、多音字、错字别字三个极易发生麻烦和纠纷的问题做一些举例和分析，并对应注意的关键问题做些说明，为大家在日后的实际操作提供参考。

一、尽量不用含糊不清的词语

例如在商品规格一栏用"上下、左右、大约、基本、一堆、一捆、一箱、一车、差不多、类似、近似、大致、一般、接近、相似、相近"这些词语来定标准的话，就很容易出问题。笔者曾经调解过这样一起合同纠纷。前些年，浙江省龙游县南部山区有一毛竹贩运户与上海市浦东新区某建筑工程公司一建筑工地签了一份毛竹购销合同，合同规定毛竹规格大小在 8 寸至 12 寸，价格每百公斤 66 元，数量 10 万斤左右。后来贩运户送货到上海后，需方嫌毛竹太小，提出规格不合要求，他要的是 8 寸至 12 寸的毛竹，8 寸的占少部分，而贩运户则认为只要是 8 寸就达标准，为此贩运户为节省收购成本多赚差价，将 10 万斤毛竹规格都定在 8 寸左右，很少部分是 9 寸、10 寸的，而根本没有 12 寸的。需方提出退货或降价的要求，导致合同纠纷，双方自行协商不成，最终通过仲裁调解来解决，造成上海方工地因购物标准不符影响工期，龙游贩运户经济上吃了不达标而降价的亏。这就是用词模糊带来的后果。

有些合同的用词看起来很清楚明白，但我们在执行合同时也会对其有理解和执行的偏差，这里举一个例子，我们就可以更进一步弄清楚模糊用词的危害。

原告因生产需要，急需一批竹签，经人介绍与被告签订了一份竹签购销合同，合同规定由被告供给原告 1000 件竹签，竹签单价每根 0.5 元，合同生效后，被告陆续发运货物。第一批发货800件，原告发现已远远超过自己的需要量，便通知对方停止发货，并说明情况，要求对方当事人洽谈，正当双方洽谈时，被告认为合同有效，便又发货200件。双方在洽谈中，都承认原合同规定的数量1000件并无错误，问题出在"件"的计量上。原告认为每件是10根竹签，而被告认为每件100根，因为平时生产打包都是100根一件的，由于双方对"件"的概念认识不一，造成数量上的争执，后因协商不成诉诸法院。

　　法院的认定和处理结果是，这是一起因合同条款不清而引起的合同纠纷，一件竹签数量是10根，还是100根，双方理解不一，文字表达不清，其过错在双方，但数量规定不清，其主要责任在供方即被告，因此法院作出判决：一是双方就数量协商中被告发出的200件2000根竹签应作出退货处理，运费由被告承担。二是其余800件，除原告接受100件，即1000根外，所剩下的700件由双方共同承担，其中原告应收300件，另400件作退货处理，费用由被告承担。（本案摘自龙游县工商局编写的《经济合同法规基础知识讲座》）

　　经济合同所规定的主要条款是一个有机的整体，缺一不可，而且每一条每个字都必须清楚明白，否则就会埋下产生纠纷的隐患。上面案例中的合同纠纷就是合同规定的数量条款订得不够明确而引起的。对于这一点，法院判定责任在双方是正确的。但是在双方就数量问题进行协商时，被告借口合同有效不顾原告停止发货的通知，仍然发货200件，也就是多发了2000根竹签。这显然违反了合同公平自愿的原则，因此在处理这一数量纠纷时，首先把这2000根从总数中扣除，其责任应由被告承担，其余70000根多发是由于数量条款概念不清，是由双方过错造成的，因此应由双方各自承担相应的责任。这个案例给人们的一个启示是：签订经济合同是一项严肃的法律行为，切不可马虎了事，更不能把它作为记录单和儿戏来看待。总的要求是合同内容要合法，条款应完备，具体用语应准确，责任要分明，切不可使用模棱两可、可任意解释的含糊不清的条文和词、字，否则就会事与愿违。

二、注意多音字的用法

　　合同用词用字，不仅不能随意地省略，而且要正确和严格规范，特别是碰到多音字的时候更要谨慎，否则就会碰上意想不到的合同争议纠纷，有时还会造成错冤临头、赔钱受气的情况，从而给司法调解的仲裁和判决部门带来执法难度。有的还会酿成经久不解、拖而不结的长期遗留案件。有的由调解组织或司法部门终结了案子，留给当事人深深的思考，有的也真是花血本代价换来终生难忘的教训。这里举个案例来充分说明这一点。

《中国剪报》曾刊登过一篇题为《一字之差差了 20 万》的文章，全文如下：

宋某和黄某是合作多年的生意伙伴。自 2006 年年底，黄某因市场策略实施有误，陷于资金周转停滞状态。黄某无奈向宋某求救，随后宋某于 2007 年 3 月借给黄某 30 万元，黄某向宋某签下了一张 30 万元的欠条。2007 年 10 月，黄某在收回几笔资金后，偿还了宋某部分欠款，并在欠条上注明"还欠款 25 万元"。

2008 年年初，黄某因疲劳驾驶，车辆失控而身亡。宋某在 5 月初得知黄某去世，其家人继承遗产的消息后，便向黄某的继承人索要剩余款项。但没想到黄某的继承人认为欠条上"还欠款 25 万元"是已经偿还了 25 万元债务，故只同意再偿还宋某 5 万元。宋某与黄某的继承人协商不成，将其诉至法院，要求黄某的继承人偿还欠款 25 万元。

北京房山法院经审理认为，本案欠条中的多音字"还"的不同理解，产生了截然不同的债权债务关系。黄某出具的欠条注释不明，产生了歧义，其继承人又不能提供充分的已还款证据证明其主张，故从立欠条的目的和交易习惯的角度解释，应该作出对其不利的解释。据此法院判决被告黄某的继承人仍需偿还欠款 25 万元。

以上案例告诉我们：无论写借条还是签合同都应逐字、逐词、逐句地推敲，在履行合同中如果碰到一些一次不能执行完毕的分期分批的合同，那就必须每履行一次都得有单独的文字依据和票证。特别是碰到多音、多义字时，更需完整无误、不留后患地进行意思表述，宁可啰唆一句，也不随意地省略关键字，也就是我们平时所说的不怕一万，只怕万一。

三、注意防止出现错字别字

经济合同的书写除用语规范外，用"字"也要准确无误，如果字写错了，也会造成事与愿违的局面。在我们的日常生活和经营活动中，常常还会出现别字闹笑话、错字引官司的现象。你只要留意一下各种法制类的电视、报纸、杂志等新闻媒体的某些信息，就不难发现因错字别字闹纠纷的案例。这里我想以《人民法院报》刊登的谭曙平老师的《错字引出的官司》为例，进行分析解剖及依案说法，全文如下。

时下，订合同、立借据、填发票、签文件、存取款项等等，已经成为人们生活中熟悉的事了。然而当事人如果做事不认真、工作马虎敷衍，稍不留神，写错或看错一个字，在未涉及法律、经济问题时或许影响不太大，不会造成损失，但一旦牵涉其中，为一错字对簿公堂时，错个字就不是件小事了！

1."富"字官司。1991年6月，骆某（系个体户）以"邵实"为名在中国农业银行赣州市支行赣江分理处开办了一个预留印鉴的单位活期存折。1992年4月18日，赣江分理处告知骆某应将存折及印鉴上的"实"字改成"富"字。对此骆某即按要求重新刻印了一枚"邵富"的印鉴更换了预留印鉴卡。1992年6月13日，骆某的存折和印鉴被瞿某盗走。1992年6月14日上午，瞿某在赣江分理处冒领存款22000元，冒领时，瞿某在银行支款凭条上填写了支款人户名为"邵实"，其金额大写的"贰"字写成"武"字，"万"字左边加了个"亻"。事发后，骆某于第二天到赣江分理处查询，并及时报了案。后经司法机关追回赃款9000元，剩余的13000元损失一直追偿未果。为此，骆某于1996年1月19日诉到法院，要求中国农业银行赣州市支行赔偿损失及利息。

一审法院认为，被告未严格按照有关规定办理支付存款事项，在冒领人瞿某所填写的支款凭证户名为"邵实"与原告的印鉴及存折户名为"邵富"不符，且大写金额还有两处错别字的情况下，为瞿某办理了支取存款22000元，致使原告的存款被冒领，造成了原告的经济损失。对此，被告应负赔偿责任，根据《民法通则》第一百〇六条，《储蓄管理条例》第四十二条之规定，一审法院于1996年5月16日作出判决：由被告赔偿原告经济损失

13000 元，利息 9360 元（按月息 1.6％计算，从 1992 年 6 月 15 日起至 1996 年 6 月 15 日止），两款合计 22360 元，并限被告在判决生效后 10 日内付清。诉讼费由被告承担。

判决后，被告不服，提出上诉，二审法院经审理后认为，一审判决基本事实清楚，适用法律正确，但在实体上对上诉人承担利息的处理欠妥，改由上诉人按年利率 3.15％计算，支付利息给被上诉人，时间从 1992 年 6 月 18 日起到 13000 元给付完毕之日止。一、二审案件受理费由上诉人与被上诉人分担。

存款人预留了印鉴，银行先前对存款人有过改"实"为"富"的提醒，而且取款凭证金额大写两处出错，此笔款项竟然被冒领，银行难辞其咎，承担赔偿责任也就顺理成章了。

2."货"字官司。某制衣有限公司与外地一商场签订了一份服装购销合同。双方经拉锯式的讨价还价后终于达成协议，货款 8 万元，卖方交付服装后，买方即付清货款。作为卖方的制衣有限公司按合同规定按时送货，并要求买方及时履行付款义务。

谁知，买方却拿出双方签订的合同书，反诘道，合同书上明明写着"贷到付款"，现我方还未贷到款，故无力支付。待卖方拿出己方持有的一份合同书细细一看，果真是写着"贷到付款"，而非"货到付款"的字样，只好大叫倒霉。因法院认定合同有效，这样买方何时才能贷到 8 万元贷款，卖方何时才能实现债权，自然成了未知数。订合同不留神不细看，等合同生效后，哪怕是把纸看穿，还得承认把"货"字写成"贷"的惨痛事实。

一字之差损失惨重，这样的深刻教训告诫人们，无论是银行还是企业或是个人，在工作中、生活中都应当字字留神，绝不能粗心大意。

四、不用方言中的字、词、句

我国 56 个民族中，有上万种不同的方言，各种方言的表述习惯方式各有不同，不仅不同民族的方言有差异，而且不同行政区划和经济区域，其方言也千差万别，加上对方言的理解也没有统一标准，所以我们建议在合同条款中不用方言中的字、词、句，一定要用规范字、词和句，否则容易引起误解和官司。2010 年 8 月 2 日《中国剪报》刊登了一篇题为《方言借条少个字债权人"丢"了 4995 元》的消息，现摘录供参阅。

浙江省嘉兴市嘉善县人民法院 6 月 4 日受理了老冯（化名）的民间借贷纠纷，原告老冯起诉被告叶某（化名）要求其偿还借款 45000 元。

老冯向法院提交了两张借条作为证据，一张借条明确写的是 2 万元整，另一张借条上写的是"借人民币二万五元整"。如果按照字面理解，借款数额应是 20005 元，两张借条总额应是 40005 元，与老冯的诉请数额 45000 元不符。

法官询问了老冯夫妇得知，"土生土长的嘉善人就是这么说的，大家都知道两万五元就是两万五千元"。尽管老冯认为根据方言少个"千"字无须大惊小怪，但是作为书证的借条用语，一般只能就字面本身作常规的理解。

由于老冯没有钱款交接凭据等证据与借条相印证，被告叶某也没认可"二万五元"就是"两万五千元"，嘉善县人民法院近日判令叶某归还老冯欠款 40005 元。法官提醒，书面证据用语一定要规范完整，否则极有可能遭遇举证不能而承担损失。

五、要明确一些法定概念的关键词

在日常的签约中特别是签一些不能一次履约或预约、预订的专用产品的购销、定制加工等合同时，容易发生对一些法定关键词的误解，比如说"定金"和"订金"就常被混淆。我们现在就"定金"和"订金"两个不同概念来个依案说法。2010 年 5 月 21 日《钱江晚报》第 10 版就刊登了《"定金"和"订金"一字之差，却大有讲究》一文，现摘录供参考。

徐女士于 2010 年 3 月在某地板品牌店挑中一款地板，并付了 500 元，说好过一个月来提货。在这一时间内，徐女士在友人的推荐下，看中了另一个地板品牌的地板，并快速交了全款，提了现货。这时，徐女士向第一家地板品牌提出退钱的要求，被拒绝。

该地板品牌店长称，这 500 元是徐女士交的预付款，其性质等同于定金，徐女士一方违约，我们有权不退。不过，在徐女士看来，双方并没有签署合同，只是商家说要先交个订金，就交了。这钱毕竟是自己的，为什么不能退？而且在徐女士看来，订金不同于定金，不存在制约性。双方各执一词，僵持不下。

1. 消费者对"定金""订金"有盲区

在这件事情上，商家一直强调这是定金，可以不退。但徐女士却说这只是一个预付款，不能算作定金。当笔者问徐女士，当时付款时是否明白自己交的是"定金"还是"订金"，徐女士说只是在一张订货单上注明预交 500元，自己也搞不清楚是"定"还是"订"。于是，一场文字游戏开始。

与此同时，笔者就此事咨询了相关行业协会的有关人士，却发现，在针对家庭装修的投诉中，关于"定金"和"订金"的投诉相当之少。原因何在？浸淫行业多年的资深人士说，不是不投诉，而是消费者根本就没有这个意思。于是，商家乐得玩文字游戏，而不少消费者就在商家的严词厉色中屈服了，并以"交学费"的说法安慰自己。

2. "定"和"订"大有区别

事实上，"定"和"订"之间的区别可大了。笔者特别咨询了律师：定金是指双方买卖商品时作为已成交的保证金，而且"定金"是国家（《担保法》）规定的一种担保形式，主要是针对违约行为实施的制裁。对已付的"定金"，如果不履行合同义务，无权再要求退还。违约赔偿不能超过所有的货款的 20%。"订金"仅仅是预付款，不具制裁特点，如果买家不愿意购买这种商品时"订金"应当退还。

3. 退钱时，"订"可退，"定"不能退

综上所述不难看出，在家居行业，无论是买家还是卖家，对"定金"和"订金"的认识都不全面。如上所提，该地板品牌既然说这是徐女士交纳的预付款，那就属于"订金"范畴，当徐女士要求退款时，就应退还其所交纳的 500 元现金。

所以，如果购买东西，就要自己抓住主动权了。在面对商家充满诱惑力的说辞时，不管价格有多诱人，折扣有多劲爆，请一定要保持清醒，要知道即使付出的是几百元，但毕竟是血汗钱啊！另外，如果一定要付订金，请留意商家在协议中的用词到底是"定"还是"订"，以免自己的利益受损。如果要签订协议，一定要在协议上备注"订金可退"几个字，以防万一。

　　说实话在当今的市场上，特别是一些预购预销的工业类、建筑类、装修类、农业类、林业类、医疗类、服务类、五金电器类、商业类等等类型的合同的条款里或简单要约的承诺书上或票证的签约中，都会出现一些促使或保证合约履行的制约措施，其中会不由自主地用上"定金""订金""预付款"等词语，在运用这些关键词时务必要有防范理念，即多留个心眼儿少一点隐患，多做些说明少一些误会，多些法律意识少一场面红耳赤的争执，多一点认真仔细少一些明显失误，多做些审查少一些漏洞。

六、合同标的的书写一定要完整

　　大家知道合同标的是双方当事人的权利和义务共同指向的对象。那么关于合同的标的需要具体、详细地注明商品的名称、产地、牌号、商标、花色品种、规格型号。因为现在的商品繁多，就是同一品牌的不同规格的商品，其性能都有差别，价格、质量也不一样，所以说在书写标的时一定要清楚完整，并采用市场通用标准的名称，而不能写砖、瓦、纸、布、米、笋、茶等简称，应该确切地写清楚标识和牌号、产地及规格等详细情况，如：产地在浙江杭州龙井村的西湖牌龙井一级茶；产地在浙江龙游溪口镇，浙江腾龙竹业集团有限公司的某某型号腾龙牌商标竹胶建筑模板；产地在浙江龙游，001公司的001商标某某型号天线，等等。

七、含"不可抗力"的词句不可乱用

　　在日常咨询中常碰到有些合同当事人，在合同条款中会写"如遇不可抗力的情况，另行协商"的语句，看起来语句也未错，但在执行理解中就存在着一些偏差或误解，如有的商品房购销合同中，开发商将延期交房的理由说成是不可抗力。按国家规定，不可抗力是指地震、洪水等，不能预见、不能避免并不能克服的客观情况。而许多开发商将动工过程中碰到的异常困难或重大事故或安装工程不配套等都认定为不可抗力，这就将不可抗力的范围扩展了，这对购房者来说显然是不公平的，真的打起官司来如此乱用的词句也是无效词句。讲到这一问题就不妨以2010年7月15日《钱江晚报》B6版刊登的浙江省杭州与温州两市的两个案子为例：《算不算"不可抗力"，还要看合同约定》。现将两案摘录如下。

1. 杭州：李全青案调解成功，8 万元购房款退回 4 万元

李全青案因是新政后杭州主城区首例开庭审理的房产案而成为社会关注的焦点。因为外地人暂停办理按揭的新政策，他请求解除合同并返还 8 万元购房款。

33 岁的李全青是典型的新杭州人，他从河南来杭近 10 年。今年他看中了下城区石桥路的一套公寓，房主曹先生夫妇很快和他谈成了这笔生意。

今年 4 月 3 日，双方通过中介公司签了一份转让居间协议，房屋总价 88 万元，首付 3 成，其余房款申请银行按揭贷款。当天，李全青支付了 2 万元现金。10 天后，他们又正式签订了合同并加了一份补充协议，约定 88 万元的总价里，房屋款为 80 万元，装修款 8 万元。李全青又付了 6 万元，连同原先已付的 2 万元定金，作为全部装修款。

4 月 17 日，国务院发布了遏制房价过快上涨的"国十条"，其中规定，对不能提供 1 年以上当地纳税证明或社会保险缴纳证明的非本地居民暂停发放购买住房贷款。因为银行不肯批下这笔按揭贷款，李全青说，没了贷款，他根本买不起房子，要求曹先生解除合同并返还 8 万元购房款。6 月 2 日，该案在杭州下城区人民法院开庭。

昨天，记者得到消息说，该案已通过调解顺利解决。据下城区人民法院相关人士介绍，该案通过调解最终达成两点协议：一是解除原合同，二是原告李全青自愿补偿被告 4 万元。

2. 温州：苍南原告败诉，10 万元定金不予退回

这起同样被媒体广泛报道的案例发生在 4 月 17 日"新国十条"出台前一天。

2010 年 4 月 16 日，同是苍南人的吴先生与陈女士经苍南县浙南房地产经纪服务站介绍，订立商品房转让定金协议书一份，约定：陈女士将其所购买的坐落于杭州市滨江区的某商品房卖给吴先生，该商品房转让价为 927041 元。吴先生当日支付给陈女士定金 10 万元。

新政出台后，杭州对无法提供 1 年以上当地纳税证明或社会保险缴纳证明的非本地居民暂停发放购买住房贷款，吴先生以此为理由，将陈女士告上法庭，要求适用"情势变更"原则，解除合同，并返还定金 10 万元。

近日法院对该案作出了一审判决。法官审理后认为，原、被告订立的商品房转让定金协议书，属立约定金合同性质，当事人意思表示真实，内容合法，该定金协议从实际交付定金之日起生效，给付定金的一方吴先生不履行约定债务的，无权要求返还定金。原告拒绝与被告订立商品房买卖合同、支付购房款，属于不履行约定的债务行为，为此，原告无权要求被告返还定金。

为什么该案的最后结果和杭州案有不同呢？记者在由苍南县人民法院提供的民事判决书上看到，这起案例有一定特殊性：位于滨江区的这套商品房2011年10月30日才能办出房屋产权证，两人之间的买卖属于期房转让。也正因为期房转让，这套房子的按揭是以陈女士名义申请的。

也就是说，陈女士是在新政前办的按揭，吴先生此后也要以她的名义支付按揭。因此，法院审理后认为，双方当事人已在定金合同中约定原告在规定时间内按期支付余下按揭，且吴先生也明知在2011年10月30日前，尚不能取得房屋产权证，国务院关于房贷调控政策的出台，并不必然导致商品房买卖合同不能继续履行，因此，吴先生主张的事实，与适用情势变更规定的条件不符。

3. 律师说法：不同的结果，关键要看合同的约定

"这两起案例，都发生在新政后，起因也一样，都是外地人不能办理按揭政策。但结果之所以不同，关键在于合同约定不同。"一直关注两起案件的浙联律师事务所主任戴和平说。

苍南案，貌似因新政而起，但实际上，和新政并不相干。"吴先生是以陈女士名义还按揭，而陈女士的按揭已经开始偿还，审批早已通过，并不受新政影响，自然也不属于'不可抗力'。法院驳回诉讼请求，是合理的。"戴和平分析。

而李全青案则属于典型的新政"后遗症"案。李全青的确是以自己的名义申请按揭，新政也的确导致其不具备支付能力。戴和平认为，这一案例应该适用情势变更原则。按照法律规定，应该解除合同退还定金。但这一案件既然调解解决，一般参照双方意思，买卖双方各承担一半损失也是合理的。

"是否属于情势变更，关键看新政是否是导致合同无法履行的必然因

素。"戴和平表示，新政后，各种退房官司林林总总，但究竟能否解除合同，关键还要看合同约定。"比如说合同约定一次性付款的，即使发生在新政后，也不属情势变更，自然也不能退房。"

　　通过这两则案例和律师说法，我们对"不可抗力"的概念就清楚多了，对一些疑难案件有了更清晰的认识，同时案例也提醒我们要正确把握和理解字、词、句的真实含意，避免出现一些似懂非懂、盲目签约的混乱现象，避免产生一些意外的合同纠葛，这也在不同程度上帮助我们提高合同订立的技巧和准确度。

　　从以上两个案例我们还可以进一步分析得出，合同条款中的某些字、词、句的适用与国家和各级政府及有关部门新颁发的各种政策、条例、规章、法律相联系，从而也告诉我们签约不仅要推敲文字，而且还要及时了解和懂得各种政策法规的变化状况，尤其是必须及时地学习和理解一些新词语、新概念。只有对合同条款的用字、用词、用句正确把握，做到胸有成竹，才能使合同条款用语准确；只有严格认真、虚心好学、严防死守，才能做到对合同风险的防范。

第三节　合同标点要清楚

　　要签订一份合法有效的经济合同，在认真做到条款齐全和用语准确、注重细节的基础上，还要做到标点符号清楚无误。签订合同时千万别草率乱用标点，因为不是写文章错就错了，大不了致歉予以更正，没什么大碍，而签合同时出错了就可能会倾家荡产吃苦头。可是从现实的经济交往的合同可以看出，有些人只注重文字的推敲，而忽视标点的重要性，在文句中动不动就来个顿号或逗号，或只是简单点一点，不知什么标点符号，有的条文话未说完就马上用句号，有的还用起了省略号，在标点的细节问题上毛病很多。从合同纠纷方面分析和探究，因误用、乱用标点出的笑话也实在不少，本节笔者想从合同条款词句中的标点的误用、少用、乱用、修改补充和细节审查五个方面进行依例说理的叙述。

一、合同标点误用

合同条款中的标点的运用，在一定程度上比写其他文字材料更为严格，它能帮助明确合同条款中字里行间的真实意思，在各字、词后该用顿号就不能用逗号和句号，用什么符号都十分有讲究，不得随心所欲。为了更生动形象地说明合同标点误用的危害性和正确使用标点的重要性，这里就举一个当时轰动全国的真实例子，希望大家引以为戒。

1992 年 6 月 23 日《报刊文摘》第 2 版刊登了一篇题目为《误用一个标点，损失十万巨款》的报道，摘录如下：

三门县一家商行最近与内蒙古呼和浩特一家皮货收购站签订优质羊皮购销合同时，因误用一个标点符号，造成直接经济损失 10 万元。这桩买卖中，三门县这家商行作为买家，对羊皮的质量要求是大小四平方尺[①]以上，无剪刀斑（即刀伤痕）。但在购销合同上不慎写成：羊皮"四平方尺以上、有剪刀斑的不要"。这里误把句号写成顿号，变成四平方尺以上的羊皮和有剪刀斑的羊皮均不要，羊皮大小要求刚好与原意相反，结果卖方利用了合同上的这一漏洞，卖给买方的尽是些四平方尺以下的劣质羊皮，优劣差价达 10 余万元。

以上因误用一个标点损失十万元的真实案例已成为一个典型的故事，我想知晓的人可能不少，而对我们签约者来说要从这个案例中得到启发，牢记这种标点的误用所导致的后患将是无法估量的。而这种教训最好不要再重演，不然的话只有花钱买笑话，亏本又受气。

二、合同标点少用

合同条款中语句的标点既不能多用，也不能少用，多了不是画蛇添足，就是语不达意莫名其妙，少了不是叙述不清，就是胡言乱语。标点少用不仅使合同条款不成体统，而且会造成合同当事人或执行者不知所措、无所适从，出现被动局面，同样也会带来无穷的经济损失和合同陷阱。2006 年 7 月 26 日《中国剪报》第 8 版刊登了《协议中没用省略号，工人出意外公司多赔

---

① 平方尺：1 平方尺＝0. 1111 平方米。

二十九万》的案例，现摘录供参考。

2004 年年初，湖南省水利水电施工公司（以下简称水利公司）与长铁衡阳桥隧公司协商签订了施工承包合同。工程位于株洲县昭陵境内，后水利公司与他人签订了内部项目承包施工协议，成立工地项目部。2004 年 11 月，李某在工地作业时被一只装有河沙混凝土的灰桶掉下砸伤颈部，导致高位截瘫。经有关部门鉴定李某已完全丧失劳动能力，构成二级伤残。

2005 年 4 月 11 日，李某委托其弟与水利公司在株洲县法律援助中心鉴证下，自愿达成赔偿协议，载明"李某受伤住院，原来已由乙方（水利公司）支付的除外，另行补偿李某经济损失 80000 元整（其中包括残疾补助金、护理费、生活费等一切费用）"等内容，协议中没有使用用于概括性列举的省略号。

2005 年 12 月 13 日，李某经湘雅二医院司法鉴定中心重新鉴定，伤情构成一级伤残，需骨髓功能和肢体功能康复治疗及截瘫、并发症的防治，必要时考虑内固定取出，在一般情况下治疗费用约 50 元/天，如做内固定取出费用需 10000 元左右，高位截瘫需终生护理，需配置轮椅、气垫等残疾用具。李某以该次鉴定结论为依据，要求水利公司另行赔偿，未果，起诉至法院，要求撤销原来的协议，并由水利公司足额赔偿。

在法院审理过程中，李某与水利公司就协议中的第一条"补偿李某经济损失 80000 元（其中包括残疾补助金、护理费、生活费等一切费用）"的理解发生争议。李某的代理人说，按照合同争议解释的方法，上述协议中并没有使用用于概括性列举的省略号，同时结合相关证据分析和计算，可推断出上述损失的赔偿，仅包括所指范围即残疾补助金、护理费、生活费三项，李某损失的确认可考虑上述三项不重复计算，按照新的鉴定结论，依照《最高人民法院关于审理人身损害赔偿案件适用法律若干问题的解释》所规定的项目予以计算，即医药费、交通费、误工费、后期护理费、残疾赔偿金扩大部分，后期治疗费、营养费、精神抚慰金、残疾用具等九项损失合计为 296727.11 元。最后株洲县法院依法一审判决湖南水利水电施工公司另行赔偿李某 296727.11 元。

　　上面这个案例少了一个省略号就增加了一个诉讼案件，缺了几个点就产生了几十万元经济上的赢、输差额，这虽然是个个案，但在现实中缺少标点符号的情况还真不少，特别是标点符号知识欠缺的人，在签订合同时较容易犯错。今天我们以举例说明的方式，来进一步强调合同中的标点是何等重要，它错了不行，少了不行，多了也不行，乱用更不行。下面我们再来研究一下乱用标点的后患和教训。

　　三、合同标点乱用

　　中国语言文字中不仅文字有严格的限制，不可乱用，而且标点也同样重要不可乱用，乱用不仅不符合原意，而且会出现本末倒置的现象。这里我不想从理论上多说，因为事实胜于雄辩，活证更为深刻，还是举现实的例子来证明乱用合同标点的危害性。2009 年 2 月 25 日《中国剪报》第 8 版刊登了题为《自书遗嘱有瑕疵引起争议》的文章，很典型地说明了乱用标点不可取，全文如下。

　　田某育有二子，后其与妻子调解离婚。1993 年其购买了成都市内一建筑面积为 55.10 平方米的单位房改房，1998 年 11 月取得房屋产权证书。其小儿子在 1995 年 1 月登记结婚，并一直与其共同生活。1998 年 5 月 20 日，田某自书遗嘱载明："某机械厂住房 4-3-5-2 号，住房一套面积 5.3.5。转交继承人小儿子田某夫妇。"

　　2008 年 4 月田某去世后，田某的大儿子则认为从遗嘱上看其父只是将房屋的 5.35 平方米给其弟继承，其他面积则应按法定继承。但田某的小儿子则认为遗嘱上 "5.3.5" 是笔误，遗嘱应是指整套房屋由其夫妇继承，故起诉要求法院确认争议房屋归其夫妇所有。

　　庭审查明：田某书写遗嘱时 68 岁，从其自书遗嘱的文字书写质量看，自书遗嘱人田某的文字书写能力很差，笔迹生硬不流畅，标点符号及面积单位均未规范书写。但从文字表达的意思看，可以清楚表达其将房屋留给原告继承的意思。由于田某书写遗嘱时尚未取得产权证书，其对房屋建筑面积可能不是很清楚，其后来产权证记载的建筑面积为 55.10 平方米，按照一般人的常识是不会立遗嘱指定继承 5.35 平方米，而 5.35 平方米不足一间房屋面积，且遗嘱上 "5.3.5" 之间都有点，结合田某书写能力差的情况及继承书上"住房一套面积 5.3.5"的提法，将"5.3.5"理解为 53.5 平方米较为合理合情。近日，四川省成都市成华区人民法院一审判决遗嘱合法有效，争议房屋按遗嘱继承归其小儿子夫妇所有。

像以上遗嘱因乱用标点而引出争议的例子在现实生活中可以说是不少的。因此，我们在书写合同文字时，都必须使合同条款的文字和标点正确无误。在书写好合同后，要逐条、逐句、逐字、逐点地严格审查，这个时候一字一点值千金。在审查中如果发现合同中还有句、词、字、标点差错，需要进行修复和补充，那么接下来我们就来了解一下关于修改合同中句、词、字、标点的一些规定。

四、标点和字、词、句的修改和补充

我们知道一份合同最好是没有要修改和补充的地方，这样不仅书面清晰，而且不留漏洞，可避免一些意外事情的发生，这是最好不过的。但也总有一些合同在完成书写和打印后，又发现有漏字词、漏标点和漏条款的问题，若要重新书写或打印，又觉得麻烦，没必要，在这种情况下，如果双方在场，可对原合同进行修改和补充。这种修改和补充必须符合六个方面的要求：

（1）修改补充的内容必须是符合法律、法规规定的。

（2）必须是通过合同当事人双方或多方主体平等协商一致的。

（3）必须在修改和补充处盖上双方的印章或指纹印。

（4）必须是清晰完整的删除和添加。在删除处最好用黑墨予以全覆盖，在添加处做好添加符号或标记，添加的内容、文字、标点同样必须清楚完整。添加的事项必须按合同条款的分类有针对性地逐条添加或另起条款添加。

（5）对有些特殊条件，双方或多方都认可的，而涉及的内容又多的，那必须另写一份与原合同具有同等法律效力的附件或补充协议，并且合同持有人应各有存档。对一些事后书写的补充协议和附件，如原合同已经公证或鉴证或有在场作证人的，那么还必须将补充协议和附件送交公证部门或鉴证部门或在场作证人备案。

（6）参照和使用格式合同文本时，里面的多余条款也应列入删除的范围。因格式合同设置本身就是考虑合同适用的普遍性，故在条款的拟制上要周全得多，不像特殊单一的合同那样条条句句有针对性，在签约时会出现某些多余条款，对这些确实是多余的条款，也应将其删除，以防因此而发生纠纷，无中生有，自找麻烦。

在一般情况下，以上六个要求是对合同的标点、词、句修改时必须满足的前置条件。只有满足了前置条件，才能保障合同条款修复的合理、合情、合法性，否则会出现难以预料的后果。

讲到这里，我想介绍高柱同志写的《为了一个逗号　拆迁户与开发商打官司近6年》一文，本文刊载于2012年3月26日的《中国剪报》第8版，现摘录如下：

2000年，四川省苍溪县人李术琼的父亲去世后，她和丈夫郭忠平继承了父亲在苍溪县老干部局"老红军楼"宿舍的房产。2004年2月，该住房被鉴定为危房，县老干部局与苍溪市政公司达成了改建协议，市政公司指派开发商薛某、刘某作为项目总管负责改建及相关安置事宜。

同年7月5日，李术琼和丈夫与开发商签订了旧房拆迁安置协议书，双方约定："乙方同意以产权调换的方式将自己的房屋产权按原拆迁房建筑面积以'拆一还一'的标准（即住房一套130平方米，35～40平方米门面房一间）进行调换，互不补差。"

2006年4月28日，开发商将一套住宅房交给李术琼夫妇后，就不再提还应补偿一间门面房的承诺。李术琼屡次找薛、刘说理，对方都否认有此约定。同年5月10日，薛、刘等人约见李术琼，在她出示合同原件时趁在场人多进行了"调包"，换成了其事先已改好的合同——"住房一套130平方米，35～40平方米门面房一间"中的逗号改成了"或"字。李术琼发现后向"110"报警，可"110"因警务繁忙未到现场。李术琼赶到派出所请求立案，但最后在派出所帮助下追回的"合同原件"已被对方篡改。

2006年5月18日，李术琼将薛某、刘某告上了法庭。此案经二审，法院作出判决：苍溪市政公司与薛、刘在判决生效后立即向李、郭交付门面房一间。

薛、刘二人向法院提起申诉。2008年12月13日，广元市中院再审认为，协议中约定的基本原则是"拆一还一"，李术琼原住房面积为89.69平方米，且是危房，改建的新房面积为130平方米，已有利于李术琼。如再还一间，显失公平。为此，法院判决：撤销一审、二审判决，驳回了李术琼的请求。

随后，李术琼和丈夫向四川省高院提起了再审诉求。2011年年底，四川省高院认定双方签订协议书中的还"住房一套，门面房一间"事实成立，判决苍溪县市政公司与薛、刘在本判决生效后十五日内向原告交付一间35～40平方米的门面房。

五、注重合同条款的细节审查

审查和修改合同条款必须注意细节问题。起草一份合同其实并不难，只要你有点基础，静下心，动起笔来都能写得出"一、二、三、四"，但要审查和修改好一份合同，可以说比写合同的要求标准更高、更严格，责任更大。首先审查和修改人应具有良好的文化基础，掌握合同专业的基本知识或一般常识。不然的话也会张冠李戴或者口咬笔杆无从下手，这样就会越改越差、问题成堆、矛盾百出，特别是对一些预先印制好的文本合同，如不认真仔细地阅读就容易造成一些不必要的麻烦。比如有的人为了吸引对方与自己签合同，把口头的任意宣传当作合同条款，忽视审查合同上的详细条款，造成事后争论的被动局面；也有的人为了骗取合同一方当事人的承诺，故意在条款中设置种种陷阱，也有的人为了牟取不法利益以丰厚的诱饵来迷惑，如"中什么大奖，请你预交税收后领奖"等理由来骗取钱财。无论骗子的骗术有多高明，只要你留意合同的细节问题，就不难发现合同的漏洞，狐狸尾巴肯定是露着的。

有的经济合同文本会很长，内容很多，有时在签合同时时间很紧，来不及阅读，更谈不上逐字逐句分析。比如房地产买卖合同有的长达数十页，银行贷款合同密密麻麻，加上附件和副本足足一叠，还有当事人只知签名而通常不会去阅读的证券交易合同、保险合同、各种网络合同等等。签订类似的合同时最好事先进行咨询或了解，做些心理准备，在签约时对合同的主要条款一定要阅读了解，仔细审查，以便明确双方在合同履行过程中的一些权利和义务，对某些细节的问题如果在审查中弄不明白，也必须及时向对方咨询和提问，只有这样才会减少或避免在合同履行过程中的误会和纠纷。

在日常的合同纠纷案件中细节问题也真不少，日常出现较多的有如下几种：

（1）一些合同条款中明明写有"双方签字盖章后生效"，但在实际中，有的只盖章而没有法定代表人或委托代理人的签字，有的只有双方的签字而没有盖章，有的只是委托代理人签字，而没有法人委托书，使合同处在不确定状态。

（2）有的合同甚至没有写明生效时间或签订时间。

（3）有的未写合同有效期起止时间。

（4）有很多合同未写合同签订地。

（5）未写签约者的身份证号码、邮箱地址、邮编号码、电话号码等等。这会给日后合同履行过程中的调查、了解、监督检查、业务联系带来诸多的不便。

（6）有的合同开头出现的主体是甲乙双方，而到最后落款时又出现其他的主体。

（7）有的合同开头的甲乙双方主体的名称或姓名的写法与落款签字时用字不一致，有的大写与小写不统一，有的前后同音不同字，有的甚至前后主体名不同，有的前有完整的姓名后只有名而无姓。

（8）有的合伙合同主体中的合伙人的地址、身份情况不详。

（9）书写合同附件时随心所欲、把关不严，出现与原件条款不相配套、前后有矛盾的情况。

（10）合同附件与原件的主体不统一，有的继承人或移交接人也未在附件中交代清楚，只是随意签署新主体名。

（11）有的合同当事人为省时、省力将一份起草完整的正式合同通过复印分发给合同主体的当事人作为正本存档，大家知道复印件时效短、易褪色，对时效较长的合同切勿使用复印件，以防资料失真。

（12）有的共有财产的购销合同只有户主的签名，而没有共有人的签名（或委托签名）。这样容易出现共有人有不同意见的情况或财产纠纷。

（13）某些带附件才能生效的合同缺少应有的附件，这自然影响合同效力。

（14）担保人或保证人对某合同用物质提供的担保，缺少物质共有人签字。有的还写上"用人格担保"等等的字眼。

（15）简易的民间借款类合同最易忽视的是归还时间、详细地址、违约责任等。

（16）一些简单的农副产品购销、农林产品加工等非即时结清的订单合同，由于条款的文字缩减简化，有的就只有一张通用的姓名、标的和数量的记录单，而在购销标的物的移交接时只有要约方（或需方）的记录，而无承诺方（或供方）的签名，缺少签约的一方当事人的签字。

（17）有的订单简单到没有标的价格和付款时限，最后来个随行就市、有钱再付，只体现合同单方的意志，缺少公平性。

（18）有的订单当事人在难以实现货款兑现时，就给另一方当事人打张无付款期限的白条，缺乏合同的合理性。

（19）有的合同既有书面协议的规定，又有口头协商条款要求，出现书面合同与口头合约自相矛盾的情况。

（20）有的企业在劳动用工合同中，背离《劳动合同法》的规定，签订伤亡责任一概由劳动者自负，企业不承担责任等条款。

以上这些看起来都是合同的细节问题，有些可有可无、无关紧要，写了觉得太麻烦，讲了又嫌太认真；有些写时公平，行时无理；有些看似合情其实不合法。而这些细节往往又是不能缺少、不可忽视、不该小看、不得马虎、不应乱写的，对简化的一部分要充分考虑其前因后果，不能随意地丢弃和省略必要的条、款、项、目和句、词、字及标点符号，如果乱丢弃也会带来一些不便或隐患。

第四章　合同的能力关

本章重点：辨别合同主体是否具备履行能力的方法——考察、验证、咨询。避免签约风险，提高警惕，确立防范措施。

合同主体的履行能力，反映在双方（或多方）主体实现标的的全过程中，而这种能力的体现就是合同双方（或多方）主体实现承诺的行为表现。这是一份真实、合法、有效合同必备的应有前提条件。合同履行能力的高低直接关系到合同标的实现可能性的大小，有无合同履行能力直接反映出合同主体的真假。如果碰上合同主体没有履约能力或履约信用度不高，或设置合同陷阱有意让另一主体中圈套，那么这份合同就可能成为一份无效、欺骗、违法、无法履行的合同。那么如何去甄别合同主体是否具备履约的能力呢？笔者认为在签约前，重点做好"五询"，即证件查询、用通信设备验询、问询行业专家与专业协会、向政府和专业监督管理部门调询、实地咨询考察及验证。

第一节　证件查询

证件查询，即在签约前对主体的另一方进行各种有关证明材料的咨询和审核，证明对方有无履约能力及其履约能力的真实性和可靠性，从而提高防范意识，确立相应的措施。本节我们就从证件查询和发函咨询展开讨论。

一、证件查询

我们曾在合同的资格关中讲到在签约前要求主体双方提供必需的签约前置的有关证件和证明，特别是特殊行业其证件的审核不可或缺。有了证件后，还必须审核证件的真实性和有效性，以及这些证件的可靠性、信用度，也就是说当事人是否有履约和实现本合同的能力至关重要，对其履约能力的审核不得马虎。在现实中曾有过许多利用各种证件来达到非法签约目的的案子，现摘一例供参考。

2010 年 12 月 1 日《中国剪报》刊登了《赠与房产被出售　"小三"获一半房款》一文，现摘全文如下：

吴女士与张先生结婚 20 年，生育三子一女，夫妻感情尚好。2001 年两人购买了位于广州市天河区某大厦的一套房产，登记在张先生名下。2004 年张先生结识了陈小姐，两人不久便开始交往，并于 2007 年未婚生育一子，陈小姐带着儿子一直居住在上述某大厦房子内，后来陈小姐发现张先生竟是有妇之夫，与张先生发生争吵最后分手。2008 年 3 月陈小姐与张先生签订协议，约定儿子小杰归张先生抚养，张先生补偿她 30 万元。同日，双方又签订一份《附加协议书》，内容为"双方分手，同时男方自愿将某大厦房产送给女方居住，如果转卖，男方无条件协助办理，房款由女方所得"。以后，陈小姐仍居住在上述房内，直到 2009 年 4 月才搬离。同年 7 月，张先生与吴女士将某大厦的房产以 58 万元的价格出售给了刘某，同日便过户登记到刘某名下。陈小姐得知后诉到法院，要求张先生履行《附加协议书》的约定，支付出售某大厦房产所得的 58 万元。

据了解，某大厦的房产属于张先生夫妻共同财产，吴女士未在《附加协议书》上签名确认，也没有充分证据证明吴女士事前知晓该协议的内容。得不到房产共有人吴女士的追认，赠与合同还有效吗？而张先生最终在赠与财产的权益转移之前可以撤销赠与，陈小姐还能诉请法院要求他继续履行合同吗？此外，被赠与的房屋已经转让过户到他人名下，陈小姐能要求变更登记到自己的名下吗？法院认为，在吴女士事前不知，且事后未对协议进行追认的情况下，张先生无权处分该房屋全部产权，但张先生对其中一半产权及该房出售所得一半房款的处分是有效的，因此该《附加协议书》只是部分无效。

虽然张先生在签订协议后未将房产过户登记到陈小姐名下，但在《附加协议书》签订前后陈小姐已实际占有使用该房，依法可认定张先生将该房一半产权及出售所得一半房款赠与陈小姐的关系成立，张先生不再具有任意撤销权，故张先生反悔无效。法院一审判决陈小姐获得一半房款，双方同时提出上诉。广州中院补充意见指出，基于张先生、吴女士的共同出卖行为，《附加协议书》约定的赠与财产已转化为动产，张先生作为共有权人有权分割及处分属于其所有的一半房款，因此，无须考虑不动产赠与以变更登记为要件。法院最终维持原判，张先生应当将该房款的一半即 29 万元返还给陈小姐，两审法院均没在判决书上对道德问题进行评判。

以上例子我们不评判法院判决的对与错，不追究当事人道德的好与坏，不计算资产分割的多与少，而讨论其中涉及的法律证件，不论张先生、吴女士还是陈小姐，其都有法律证件而获得自身财产权益的保护。这里值得一提的是，陈小姐如果当初对手持证件进行法律咨询，并及时办理房产过户手续，就根本不可能造成张先生将赠与出去的房产转卖的后果。张先生也因《附加协议书》证件的存在，而付出 29 万元，这就说明了证件审核的重要性和必要性。通过证件审核，可以判断其是否具有履约能力。特别是在市场经济日益繁荣的今天，一些不法分子企图利用过期、失效、伪造的各种证件来签约，使人一不小心就落入合同的陷阱中。那么面对提供的证件，可以采取第二种办法即发函查询来进行履约能力的审核。

二、发函查询

对合同签订时对方所提供的证件，除当面现场审核以外，有时还必须进行函询，即发函查询，如向有关行政管理部门发函，要求帮助审核其管辖地的某企业经营资格状况和经营信誉。其形式包括函件、信件、传真、网络等等。但一定要向管辖对口的单位提出查询请求，如该单位与被查询的单位是同一系统，常常有业务来往，那么其会提供相关真实有用或有参考价值的回复，而且回复率也较高。反之，如果乱发或发错至不对口的部门，那么这个发函就有可能是泥牛入海，对方不予配合和答复。而且发函的内容必须礼貌谦和，以请求的角度和语气，不然容易被拒。函询其实是一个传统查询法，在一定的时期是一种重要手段。前些年笔者在经济合同的仲裁与管理中就碰到过不少函询，也解决了不少合同纠纷，现举如下一例来说明。

有一次河南省某经贸公司曹某、王某、江某一行三人，带着营业执照、法人委托书等证件来到浙江省龙游县某食品有限公司，签订了一份50万元水煮笋罐头购销合同。合同规定由龙游方向河南方提供50万元水煮笋罐头，供方送到需方仓库，付款办法：货到需方验收付款50%，其余一个月内付清。同日曹某、王某、江某又以同样的方式要求与龙游方订立送货地点为河北省某联营分厂和山东省某联营分厂的各价值50万元的水煮笋罐头供货合同，需方都要求在两个月内履行完毕，付款方式相同。

供方自合同签好后，认为合同如能顺利实现，那么条件尚可，生意可做，效益可观，因为需方对货物既没有苛刻的要求，又没有特殊要求，但供方还是疑虑重重，把握不准，既想趁机尽快地把滞销水煮笋罐头销出去，又担心上当受骗造成损失。就在双方都处于迫不及待马上想成交的心态时，供方跑到工商行政管理局经济合同仲裁委员会（现为合同监管科）和经济合同仲裁庭（现为工商所市规合同管理室）请求函询调查，核实对方是否具有履约能力。

供方所在的工商行政管理部门根据供方申请和要求，不但指出合同存在较多问题和风险，而且还马上向河南、河北、山东三省的工商局发电报函调，经过函调得到的结果是山东、河北查无此企业，只有河南的工商局回复说："要求查询的企业经营状况较差，注册资本10万元，停业一年，未验照，请慎重。"在得到此信息后，龙游方马上用对方执照未验检和超越承受能力等理由终止了合同的履行，避免了经济损失。

以上的例子可以说明，我们在签订合同时，对疑点仔细查阅也可发现漏洞，同样还可采取一些补救措施。一旦因经验不足和审核把关不严而签订了合同，那么可以通过有关部门的函询来弥补原先的不足。其实以上三份合同签订时在证件审核上就存在过失。一是营业执照未验检就是一个大隐患点；二是从营业执照上的注册资金看，10万元的注册资本也反映出其根本没有一次性兑现150万元贷款的履约能力。通过函询和资质的审核，避免了一场涉嫌欺诈或虚假合同的纠纷，把经济合同纠纷解决在萌芽状态。

第二节　用通信设备验询

用通信设备验询即电询，是指通过电话、传真、网络等通信设备进行咨询的一种简单方法。别看简单，这可是避开陷阱的一种好手段。本节就电话和网上咨询做些说明。

一、电话咨询

这是最简单而实用的方法，一般的合同和要约都有当事人的电话号码和地址。一旦你手上有了合同和要约，最好先拨打电话向对方多做些情况查询，对方如果有诚意和你合作交往，通常会热情仔细地和你交谈，并且谈话也紧扣现实和主题，与双方的意愿目标比较接近，不会很离谱。对方如果给你的回音是很丰厚的待遇或利益，或特别诱人的条件，那你就该多个心眼，以防上当受骗，不要轻易吃馅饼，盲目相信人。我曾在报刊上看到很多的致富广告和保健广告，实在很诱人，有用几十平方米的土地、投入500元种子就能栽培出冬虫夏草，年收入超几万元的种子销售广告；还有药到病除，妙手回春，先治病后付款，无效免收钱等忽悠广告。

有一次有位消费者拿着报纸来咨询冬虫夏草的广告内容，我按其报纸上的号码拨通了对方的电话，接电话的人说："是的，我店有冬虫夏草种子出售并保质保量，免费赠送种植技术指导资料，包产品回购不愁销路，方法是先汇款后寄货，本店在收到汇款后，三天内发货，不需来人当面取货，以免增加食宿、车旅费，以信为本。"当我们提出要当面交款取货时，对方就马上改变了主意，讲："我经营的是某大城市里的一个小店面，而且店面在装修，你可能一时找不到，何况我的生意是全国跑，顾客很多，也没时间接待你，如果你直接汇款，我可以降价30%，附带送你栽培技术咨询书一套，我的汇款账号是……因本店种子珍稀，数量不多，欲购者从速，如三天后不汇款，不享受降价待遇……"根据对方的电话交谈和电话区号，笔者拨通了对方当地的114电话查询台，了解到当地主管部门和消费者维权部门的电话号码，接着再向当地的药检、种子、农业、消费、工商有关部门做了通话调查，得到的结果都是这类广告应是虚假广告，不可相信。就这么简单的电话咨询就避免了一场不必要的经济损失。

像这种事例不只报刊有，手机短信中也有不少，如你中了 20 万元大奖，请交税到×××账号后再来领奖，或你的小孩住院了，请速汇钱救命，等等。如碰到这些情况，我们都得慎重思考，如有必要，最好回拨对方的电话进行查询，尽量减少身边的欺诈埋伏点。

二、网上咨询

在如今信息化的时代，查询的现代化手段也越来越多，网上咨询也确实是条很好的渠道，它既快又详细。现在相当多的政府机关、企业单位、学校等部门都有网上站点，只要你鼠标一点，马上就能查到你想了解的内容，这自然加速了你咨询的进程。但是在咨询的过程中必须注意变化和虚假两个问题。

（1）变化问题。我们大家都知道，网络上的信息一般随着时间和空间的变化而变化，特别是中小企业经营状况变化特别快。比如说两年前录入网站的企业信息，如没有及时更新的话，那么实际的企业信息变化一定是较大的，有可能在资金规模上不断扩大，发展前景很好，也有可能扩大转型为母子公司或兼并、合并为另类企业，但也有可能是因经营不当而亏损或倒闭，还有可能发展得不快不慢维持原状，等等。所以说对对方的发展变化状况的咨询要慎重，不能掉以轻心，免得老观念遇到新问题措手不及。

（2）虚假问题。网上的信息多而广，其中夹杂着虚假信息成为不可避免的问题，甚至有的不法分子还千方百计利用网络手段进行诈骗。这种例子屡见不鲜。

2010 年 12 月浙江龙游某公司老总宣某在阿里巴巴网站上发现深圳有一家公司，出售一种进口高档金属材料，价格低于国内市场上同类产品的价格，而且这种材料目前市场上很紧缺。于是宣某就在网上与对方聊了起来，并按照对方要约的条件做了承诺，决定同意先付 7.8 万元预付款，余款 20 万元货到龙游后付清，预付款汇到三天内发货。

然后宣某马上通知财务汇款，结果十天后也见不到货，经电话联系后，对方再提出要求说："货已送到衢州，请需方再汇 10 万元预付款，货就送到龙游。"宣某提出要到衢州看货，对方说："你若不汇款，我的货就拉回深圳了，你也找不到我们。"根据对方的行为和要挟，宣某发觉苗头不对，立即派人进行查询，通过有关部门的积极配合和认真查询，发现深圳根本没有这个商家，也找不到网上那个签单人。而已汇出的 7.8 万元预付款在江西省的某银行被人现金取走，就这样 7.8 万元人民币不翼而飞了。

从这个例子我们可以看出，现在在网上查询到的信息也不一定完全真实，有真实的，有虚拟的，也有各种欺诈陷阱，而且网上欺骗的高手不少，技术不低，我们要树立"害人之心不可有，防人之心不可无"的签约观。

第三节　向行业专家与专业协会问询

问询行业专家与专业协会，是指咨询人向对方或本方的同行业者和行业协会进行咨询的一种方式。这种咨询的对象一般为业内人士和专业组织。因为他们懂技术、有经验，有的是老本行老专家，有的是行业的先锋和领头雁，有的是几代人的行业传人和精英。特别是专业协会是众多企业的联合组织，拥有"八仙过海，各显神通"的技能，有着丰富的经验，因此我们应该多学、多问、多拜访。本节我们就简易地从同行业者和行业协会两方面说起，作为我们在签约实践中的参考。

一、向同行业者问询

俗话说"隔行如隔山"，这说的真没错。人们的生产和生活、商品的流通和交换、市场的扩大和细化、社会需求的进步与多样、科技的发展与创新，都促进着经济的发展，所以商品也越来越多样化，品类越来越复杂化，形成商品间各自细分领域的纵深发展，这无形中给我们造成隔行如隔山的感觉。那么是否有隔行如隔山的跨行业合同呢？回答是肯定的，因为商品经济的目的就是要实现商品间的交换，而经济合同就是交换渠道中的桥梁，正因为有了这座桥梁（口头合同、书面合同或其他形式的合同）才形成了市场。那么可以说订立跨行业的经济合同是必然的、不可避免的，是经济发展的产物，是时代发展的趋势。经济合同的形式和内容越来越丰富，地位和作用越来越重要，要求和标准越来越严格，交换和沟通的地域范围也越来越扩大，因社会分工的细化涉及的领域和主体越来越繁多。

因此我们在签订经济合同时，如有疑问或不放心或对标的物知识不够了解而怕上当受骗，那么最好向标的物的生产和经营的同行者进行问询求知和摸底调查，因为业内人士对标的物的情况了解得较为全面，会向你介绍你未了解和掌握的东西，从而也为你签约打下良好的心理基础。

这里简单地打个比方，如果你初次签一份稻谷收购合同，那你最好虚心向老行家、老农民讨教，弄清楚标的物是早稻谷还是晚稻谷，是粳谷还是糯谷，是南方稻谷还是东北稻谷（因为稻谷可细分为籼稻、粳稻、早稻、晚稻、中稻、粘稻、陆稻、常规稻、杂交稻、再生稻、直播稻、香米稻等等）；同一类稻谷中还有不同的型号，如杂交稻又细分为各种品种，名称不一，如协优 56 号等；诸多稻谷储备特点不一样，口感不一样，价格不一样，保管储存的条件与方法不一样，等等。只有在弄清稻谷的种类、特点、性质、用途、储存方法与技术、地区与价格差别的基础上再下笔签约，心底才能踏实有谱。

二、向行业协会问询

三百六十行，行行出状元，这是最普通的道理。自从我国实行市场经济以来，经济结构趋向多元化，各种行业的市场竞争也越来越激烈，在竞争中行业内不断优胜劣汰，从而涌现出许多行业领军企业。在这些龙头企业的带领和引导下，行业的分工协作和企业的兼并联营逐步地形成，而且还有很多的行业为增强实力、占有市场成立了专业的行业协会。

从近年看，从中央到地方，从城市到农村，从国营到民营，分别出现了不少专业行业协会或合作社，而这些专业经济组织，有的虽然不具有经济实体性质，但它们了解掌握了不少经济主体的经济实力、信用等级、企业规模等信息。有的行业协会还直接参与企业经营决策，为经济主体撑腰，成为企业娘家人。而且这些协会的骨干分子和班子成员绝大多数是行业的佼佼者或行业中拼搏出来的精英，他们懂得经营和生产业务，在签约时如果能向他们学习和问询，那肯定会受益匪浅，不但能增加见识，而且能避免一些不必要的经济损失。

俗话说得好："凡事要好，先问三老。"我们也可将其理解成："签约要可靠，虚心问行老，行业出精英，仿佛自感小。"如果发扬这种虚心拜学的精神，那么被问询人多少会被你这种精神所感动，会向你介绍一些你想了解的知识和信息，有时你还会得到未预料到的收获或效果，这样签订合同时自然多了一些有利因素，少一些担心和失误。这与古人说的"听君一席话，胜读十年书"是一样的道理，这种经济实用的问询方法，为何不用呢？当然也不排除其中可能会产生某些无用和虚假的信息，因此也不能偏听偏信和照搬照套，以免造成损失。这就需要我们自己去辩证分析和谨慎思考，然后有目的、有选择性地进行扬弃，或者进行多方问询、综合比较再视情况而定，这就自然成竹于胸了。

第四节　向政府和专业监督管理部门调询

　　向政府和专业监督管理部门调询，也就是说咨询人向被调查者当地的政府和有关主管部门了解一些相关的信息资料。这种调询的信息可靠性相对较高，因为它来自权威部门。调询又分为向政府调询和向专业监督管理部门调询，下面就这两类分别进行介绍。

一、向政府调询

　　企事业单位及各类经济主体都在当地政府的管辖和领导下生产和生活。政府官员们也为发展地方经济千方百计出谋划策，起到为经济发展保驾护航的作用。有的地方还专门建立政府官员直接联系企业制度，在目前看来，市、县、区的政府多数有招商引资专业机构和工业开发区管委会等专业组织。乡镇政府里也专门设有工业管理办公室，还有专管工业的副乡、镇长，在这些机构里都有辖区企业及一些经营大户的有关信息资料，而且这些信息具有较高的时效性和准确性。

　　特别是近几年来在政府引导和政策的鼓励下，农村经济得到大力发展，城乡差别逐渐缩小，人们走共同富裕道路的观念也越来越强，有不少农民也走上了经商创业之路，成了老板和富翁，农村的新生经济实体和专业组织机构如雨后春笋般诞生，现就以农村专业经济合作社这类经济主体为例。近年来各县市的乡（镇）、村很大一部分都积极创办了经营农业产品、林业产品的收购、种植、生产、加工、销售的专业合作社，有的地方几乎遍地开花，不仅村村有合作社，而且一村有多家合作社。据不完全统计，能实际正常经营和运作的专业经济合作社不到三分之二，有的合作社执照成为一张废纸，根本没有开展过业务，有的经营业务很少，有的想经营而又不懂得经营法则，也有的经营亏损而歇业。所以说像此类农民专业合作社的情况，当地乡镇政府的工业管理部门就比较清楚，那里有第一手材料。再说政府在宏观调控方面，对经济主体的转与停、好与差也把握得更准确，此调询方法不妨一试。

二、向部门调询

我们知道经济主体来源于各行各业，五花八门，有的可能向某一个部门调询就能满足我们的需要，有的可能要向几个部门调询，才能得到完整的信息。这是因为经济越发展，生产制作的分工也越来越细。目前在我们国家现有的体制下，有相当多的行业都有其专门的管理和监督机构，而这些行业管理和监督机构也是咨询人应当咨询的重要部门，下面略举几个例子供参考。

（1）向工商行政管理部门调询。工商行政管理部门负责所有国营、集体、个体企业执照的登记注册和注销、吊销的工作，掌握所有经济主体的基本信息资料和信用管理信息。每年都有关于经济主体的年报资料、企业经济运行的基本信息及企业信誉等级情况，有些特殊行业也有发放许可证的前置条件，只有前置条件符合，才能注册登记或通过年检关；反之，企业如果有欺诈造假、抽逃资本金等不良行为，工商部门也有对其进行处罚或将其列入黑名单之类的记录，只要鼠标一点就清清楚楚。这就为我们调询创造了条件。

（2）向财税部门调询。一般经济主体在财税部门有纳税人户口，而纳税额的多少也恰好反映了一个经济主体的生产、销售、经济运行状况，而且财税部门对经济主体的日常财务进行监督，对经济主体的经营效益情况比较清楚，是一个调询的好部门。但是一些小摊小贩、刚开始经营的小企业以及营业税收在国家免交范围内的小经营户，在财税部门不一定有登记，也可能查不到，在这种情况下就得向市场主管部门或负责个体工商户注册登记的工商行政管理部门了解。

（3）向银行调询。银行直接掌握经济主体资金流通的脉搏，银行不仅能反映经济主体的规模大小、效益好坏，还能反映企业的信誉等级。在一定程度上可以说银行离不开企业，企业少不了银行，它们是相互依存而实现自身目的的两类不同的经济主体。此外，银行牵涉的企业较多，专业性较强，对贷款企业的资金运行情况有专业人员进行日常监督。银行重视企业的信誉情况，并专门设立企业还贷的信誉记录档案，对企业的信誉等级进行评估，对企业有关担保、抵押、呆滞欠款等情况记录得清楚齐全，所以说在有条件、有可能时向银行调询也有相当高的准确度。

　　（4）向技术监督部门调询。现在为确保商品质量，国家、省、市、县的政府的行政执法机构专门设有质量技术监督管理职能部门，它们专门从事商品质量技术检测和监督，如发现假冒伪劣商品，工作人员就会依法检测和查处，并一一记录在案。而我们若在订立或履行合同时对合同标的的质量不放心，可以向技术监督机构申请调询或检测，这种专业权威的执法机构作出的鉴定结论既准确又合法，保证了合同标的的质量，能够避免合同陷阱。

　　除以上四个部门外，还有特殊经济主体的专业管理部门。比如说市、县（县级市、区）的政府机构下都设有医药、公安、土管、林管、农业、安监、教育、文化、旅游、卫生、环保、交通、水利、劳动保障等行业监督管理的行政机构，这些主管部门都有其特殊的经济信息资料。

第五节　实地咨询考察及验证

　　为顺利履行合同，在签约前派人或亲自实地考察，对经济合同的另一方进行验证，是最真实可靠的调查了解和甄别的方法。通过整个验证及咨询的过程，你不仅能掌握对方不少的情况，同时也能增强对合同履行的踏实感。不过这种方法，会增加一些时间、精力和费用上的消耗，一般针对合同涉及金额多，且是与初交的伙伴进行合作的情况，采取实地考察验证及咨询的方法比较安全，令我们眼见为实。下面我们就简易地介绍实地考察验证及咨询的几种具体方法。

一、派人赴实地考察验证及咨询

　　对新交往的大客户，必要时一定要派人对其进行实地考察，审查其证件原件情况，考察对方与你成交标的物的现场，要身临其境、眼见为实。特别是有些标的物有物无证件，原证件可能早作贷款抵押，或借款抵债，或已转他人，有的可能证件不全，有的可能有多种证件，有的可能证件本身有误，等等，这些可能发生的情况都需一一考察核实。这里不妨举个例子供参考。

2010 年 7 月 22 日《法制晚报》刊登了《买卖房屋签阴阳合同》一文，现摘录如下：

2010 年 5 月，北京人胡师傅病故。三个儿女清理他的遗产时发现一份《房地产买卖合同》，胡师傅将自己的一套拆迁安置房出售给付先生，价格为 38 万元，因为 2000 年父母买这套房的购房价就是 38 万元，所以胡师傅的儿子胡某很惊讶父亲以这么低的价格卖房。母亲去世后父亲一直与妹妹生活在一起，卖房时他和弟弟也没过问，认为这是父亲的房子，父亲拥有处置权。而妹妹则坚持房价就是合同上约定的数额，遗产就应该按 38 万元分。

胡某和弟弟从二手房市场了解到，父亲的房子至少能卖 120 万元。胡某对房屋买卖合同产生了怀疑，遂来到房地产交易中心咨询，工作人员建议他以遗产继承人的身份找买房人核实房屋买卖的真实价格。于是，胡某找到了买房的付先生。最终，付先生承认他和胡师傅签订了阴阳合同，一份是真实的，房价是 120 万元，另一份是假的，就是胡某手中的这份，房价是 38 万元。付先生说，他委托一家房屋中介公司购买胡师傅的房。按约定，房屋交易中的契税、营业税由他来承担，个人所得税则由胡师傅承担。但中介公司说，契税、营业税两项加起来 8%，如果按 120 万元计算，要缴 9 万多元。而胡师傅的房若按买卖时的差价 82 万元缴纳个人所得税，要 16 万多元。于是两人就在中介公司的策划下签订了阴阳合同，共少缴 25 万多元税费。

弄清事实真相后，胡某的妹妹主动承认了错误，三兄妹按缴纳个人所得税后的卖房款分配遗产。付先生和胡某的妹妹按真实合同向税务部门补缴了营业税、契约税和个人所得税。

律师指出，阴阳合同存在四大法律问题。一是买卖双方拿假合同办理了过户手续，一旦发生纠纷打官司，法院不会对过户手续予以认可，买卖无效。二是阴阳合同一旦被揭穿，法院就会对签订阴阳合同的双方进行民事制裁，依法收回违法所得的收入或约定收入，比如少缴的税费。三是表面看签阴阳合同可规避一定的税费支出，但买主逃避的税费数额如果达到一定量，还有可能构成犯罪，被追刑责。四是会给这套房子再次交易埋下隐患。由于买入价低，再次交易时，卖出的价格和买入价之间的差额增大，卖方为此要缴纳高额个人所得税。

以上胡师傅的例子只是一个代表，其实现实中，有些人为了规避交易的税收和费用，减少交易环节，越过某些法定的监督检查程序，千方百计想办法促使交易尽快地达成，订立阴阳合同或协议。不仅是在房产交易领域，在其他经济交往领域也有可能会出现一些假票证、假证明、假收条、假借据、假契约、假签字、假证照、假要约、假承诺、假账号、假信息等众多的假材料。因此，实地考察验证及调查咨询时一定要仔细慎重。

二、主体直达实地考察验证及咨询

直达咨询是签订合同的一方为确保合同的真实性和可靠性而直接到对方现场进行面对面实地考察验证及咨询的方法。

这种考察验证及咨询的方法一般适用于签订自己认为重要且涉及金额较多的经济合同的情况。它具有以下几个明显的优点：一是具有直接性、面对面、公开化，能当场提出疑点和解释问题，使你对是否签约、怎样签约、注意什么、如何把关有更深的理性认识。二是对一些你想了解和应知道的客观存在的事物能看得见摸得着，从而提高我们对合同标的物的感性认识。三是可以获得对合同订立的可行性的分析资料，这些资料为是否订立合同提供了依据。四是可以加速关于合同是否订立的决策程序。五是能更适度地掌控合同条款的细节和合同标的的大小。六是针对不同的主体和标的，能够制定适宜的履约方式和方法。七是可以当场协商、制定解决矛盾与纠纷的办法、措施和途径。八是加强合作双方的情感交流。但这种方法也存在着缺点：一是增加了费用，二是在考察验证及咨询的过程中会消耗一定的时间和精力。

实地考察验证及咨询的方法，除了为签订经济合同而事前专程考察的形式外，还包括日常主体间的互相访问、考察、交流、对接和技术传授等等，这些也都是直达咨询的方式。在现实生活中，有的人为实现利益，用各种虚假广告、诱饵，想方设法误导你，只有多思考、多调查、多到现实中去认真考察咨询，才会避免和预防骗局，减少和消除怨气。采用这种直达考察验证及咨询的方法，签约的准确率也相对较高。

三、向旁人咨询

向旁人咨询是在签约前向合同主体以外的第三者（旁人）进行咨询的一种方式。这种方式分为直接咨询和间接咨询。所谓直接咨询，就是经过派人咨询和直达咨询后，再向相关的第三者进行咨询。所谓间接咨询，就是避开对方，而通过隐蔽、保密的形式向与标的物相关的第三人或知情人进行咨询了解。间接咨询是一种侧面了解的方式，也能帮助我们获知一些真情实况，有时甚至还会有意想不到的收获。这种旁人咨询法有时是很有必要的，不过考察对象的选择也有讲究，在这里列举四种选择咨询对象的方式以供参考。

第一种方法是选择有经验的旁人。这类对象相当多，有与合同标的相关的和不相关的，有本地的也有外地的，只要对下一步履约合同的标的物具有经验的人，都可以成为咨询对象。我们可以多咨询几个人，这样就会对签约和履约能力多几分把握，因为有些人经历过坎坷和波折，他们往往积累了比较多的经验和教训，有些经验是靠长期实践积累下来的，有些教训是用金钱换来的，有的经验教训虽不能直接套用，但依然具有很高的参考价值。只要我们真心实意多向有经验的人咨询，都能有意想不到的收获，这种以学为先的办法能为你签约提供良好的思路和依据。

第二种方法是选择专家型的旁人。社会生活中专家的角色往往非常重要。因为他们是行业的精英，具备专业知识，技术力量雄厚，经验比一般人要丰富得多。向这些行家咨询，不仅心里踏实，而且还会增加很多的专业知识，增强处理问题和解决问题的能力，增强对签约决策的敏锐性，拓宽签约的思路。这种专家型的旁人就是我们签约咨询途中难能可贵的"高参"。

第三种方法是选择主管业务部门的工作人员。我们前面在对行业咨询和政府咨询的介绍中也讲到向主体的主管部门问询的问题，而在实地考察验证及咨询中的向旁人咨询，着重是指向将要签约合同标的物的业务主管部门的工作人士的咨询。我们知道商品都有其对应的业务主管部门。随着时间的推移，商品的质量标准也会有变化，有的有国标、部标，也有的只有厂标，针对某种商品的质量标准的咨询，向商品生产的技术监督部门或相关主管部门的工作人员进行咨询是最恰当不过的。而且他们能拿出一定的科学数据和法律依据，采用这种方法和渠道得到的咨询结果一般准确度较高，可靠性更大。但是，不是说所有的合同签订都必须经过这个咨询程序，平常普通、简易的合同的签约也不需要搞得这么复杂，只是作一般了解就可以了。当然，如果你认为没把握，一定要向相关主管部门咨询才放心，那也可以采用这种方法，以免"大意失荆州"。

第四种方法是选择与合同标的有关联性的人员。因为有些合同履约不是甲乙双方完成标的物所有权或使用权的移交就万事大吉了，实际还有可能存在着其他因素，比如说：（1）合伙人关于权益的意见是否统一，是否有合伙人签字或委托书；（2）标的物是否已作抵押或出借、出租；（3）标的物是否已成赠与物；（4）标的物是否经多方转让；（5）标的物是否属于被依法查封的扣押物；（6）标的物是否牵涉纠纷和争议；（7）标的物的权属界限是否清楚，等等。对合同标的物的来龙去脉必须进行详细全面的实地考察，向与合同标的有关联的人员咨询，这样才能减少乃至避免一些不必要的麻烦和损失。

日常生活中，我们经常遇到因对标的物关联性问题审查不当而造成合同纠纷的案例，这里就举一个购房合同案例供参考。2012 年 9 月 21 日《中国剪报》第 6 版转载了 9 月 19 日《北京日报》刊登的一篇由陈昶屹先生写的报道，题为《购房须知"买卖不破租赁"》，这则报道中的案例就很能说明问题，全文如下：

浙江的单女士通过房屋中介买下一套 190 多万元的二手房，等她全额支付了购房款并办理了房产证之后，却发现这套房子她根本住不进去，因为房屋里已经有承租人，而且承租人与原来的房东签了 20 年的租赁合同。承租人表示除非单女士将租金及房屋装修费退还给他才同意搬出，否则按照他手里的租房合同，单女士别想住进来。

实际上，我国合同法第 229 条明文规定了所有权变动后的合同效力，即"租赁物在租赁期间发生所有权变动的，不影响租赁合同的效力"。也就是说，购房者购买了房屋，取得了房屋所有权，也不能在租赁合同期限届满之前随意将承租人赶出房屋。

因此，承租人占有房屋拒不搬出也是有法律依据的，这就是所谓的"买卖不破租赁"规则。承租人可以根据与原房东之间的租赁合同权利对抗新房东提出的超越原本租赁合同义务约定之外的一切要求。所以，对于购房是用于自住而非投资的买受人而言，在买房时一定要仔细考察房屋的占有使用情况及租赁关系，以免忽视了"隐藏"在买卖合同关系之外的租赁合同关系，日后购房自住时与承租人发生矛盾，同时向原卖房人维权花费不必要的时间和诉讼成本。

关于对合同主体的履行能力的甄别与把握，我想只要采取以上几种实地考察、验证及咨询的方式和办法，一般都能抓到其实质性的东西。即使有些陷阱比较隐蔽，难以被觉察和发现，但只要我们警觉、勤学、多问，认真、仔细地去甄别，就能够及时发现和解决问题，为顺利签约打下良好的基础。但是在这里需指出的是，不是说所有的签约都得经过以上五个咨询程序，在实际操作中需灵活掌握，看情况采用相应的咨询方式。这里讲的方法，只是供你参考而已，对一些初次订立合同的新主体来说，还是应该多一些实地考察、验证、咨询，这里我将签约过程的前、中、后（即合同的孕育、形成、履行）三个不同的阶段中需要注意的事项简要地归纳为"九多九少"：

在签约前：多一些咨询，会少一点隐患；多一些麻烦，会少一些担忧；多一些交流，会少一点误会。

在签约中：多一些推敲，会少一点失误；多一些认真，会少一点漏洞；多一些预防，会少一点争论。

在签约后：多一些沟通，会少一点弯路；多一些诚信，会少一点纠纷；多一些守法，会少一些案件。

第五章　合同的公证与鉴证关

本章重点：了解与掌握合同的公证与鉴证的目的与作用，保证合同公正公平和合理合法。

对合同进行公证与鉴证虽不是必经程序，但它是一个依法对合同进行审核的过程，有利于发现问题、完善合同、保证公正公平。其实一份经济合同一般经双方或多方签字后就具有法律效力，对合同的公证、鉴证除法律有规定以外，通常是一种自愿的行为。但为了慎重起见，由公证和鉴证的专业机构来把关，在这个过程中专业机构也能帮助你发现很多问题，以利于及时纠错，减少日后履行经济合同的隐患。下面就从委托公证与鉴证、公证与鉴证的功能、公证与鉴证的责任承担三个角度进行分析。

第一节　委托公证与鉴证

合同的公证部门也好鉴证部门也罢，它们都是对合同进行监督审查的权威和专业部门。在公证或鉴证前，它们都会对你所委托要求公证或鉴证的合同进行平等性、合法性、合理性、完整性等多方位的审查和了解，如发现问题，它们会及时向你指出，并会提出解决问题的办法和措施，这样你的合同自然就会完善一些。

本书前四章已将合同的真实关、资格关、条款关和能力关分别作了介绍，从合同签订的程序和内容上进行了详细论述。以上四关都把好了，合同也订立了，但如果你还有疑虑，对合同内容拿不准，心里不踏实，那么就劝你和对方当事人取得联系，拿着正准备签字的合同或已签订好的合同一起去公证或鉴证部门办理一下公证或鉴证手续。

目前能办理公证和鉴证的部门主要有两类：一是每个县（县级市、区）都有合同公证处，这是法定公证的专业机构。二是工商行政管理局内有专门的市场合同管理科、股、室，这也是法定的对合同进行审核、监督、鉴证的部门。现在有的政府部门和法律工作服务部门内也设有提供经济合同审核、公证或鉴证等服务的机构。

合同公证是指国家公证机关根据当事人的申请，依法对合同的真实性、合法性进行审核。

合同鉴证是指合同的管理机关根据当事人的申请，对所签的合同进行审核，证明其真实性和合法性，并督促当事人予以确认的制度。

在合同的公证和鉴证的过程中，专业部门的工作人员不管你的合同订得好还是差，他们都会以认真的态度投入审查之中，帮助你补充、完善或修改合同中的条款。在经办中除审、修、查外还为你准备合同的封面和封底，完善各方的委托书，并且会对各方做有关合同事项公证、鉴证的调查记录，审查与合同标的相关的附件，并对记录和合同副本进行存档和保管。这样你的合同履约就有了监督的第三方，对诚信履约将会起到积极促进的作用，对合同条款等内容的规范性、真实性和合法性的审核使合同履约多了一道安全防线。

第二节　公证与鉴证的功能

经济合同的公证和鉴证功能诸多，其主要有：一是帮助预防各类无效合同、欺骗合同、欺诈合同；二是严肃确立合同主体的依法诚信履约、守约的观念；三是帮助修补内容和完善材料，以及对材料依法存档、监督法律责任的承担等等，起到减少和避免合同纠纷的作用。有许多合同在签订时并未发现问题，一到公证和鉴证时问题就容易显现出来。笔者从事经济合同鉴证工作几十年，在工作中发现众多欺诈合同和无效合同，从而归纳和总结出一些可供参考的经验，在这里做简单阐述。

一、预防欺诈合同

欺诈合同的牵涉面非常广，几乎渗透在经济发展的各个环节和角落。欺诈合同是社会发展的负面产物。欺诈合同是用欺诈手段达到非法占有的目的，其行为贯穿于合同的签订、履行的过程中。许多不法分子利用信件、广告、网络、电话等媒介，以连锁经营、代理加盟的方式为"合法外衣"，开出包生产或种植技术、包产品销售、返利返本等条件。一旦欺诈机遇成熟，就面子一拉下毒手，有的用产品质量不达标来挑剔，有的故意设置合同文字陷阱，有的设置货物层层转移圈套，有的卷走"加盟费"一走了之，有的改变名称和服务内容及方式，有的一旦货物到手赖账躲避。那么如何来预防欺诈合同呢？我们先来了解一下欺诈合同的特点。

1. 无履约能力，有诱人的骗术

行为人实施欺诈的目的就是非法占有对方当事人的财物。从表面上看他以合同为手段，提供书面依据，其实根本无履行合同的诚意。行为人根本不具备履约的主客观条件，却开出诱人的条件，如提供工资待遇高、劳保福利好、劳动强度小、环境优越的工作机会，诱使对方签下合同，从而达到诈取钱财的目的。

几年前，浙江某县某村有批农闲妇女寻找来料加工业务时，正巧有辆桑塔纳轿车驶进了该村，几位年轻"老板"来到张某家，寻找白衣大褂加工户，工艺简单且收入可观，条件诱人，张某和几位"老板"签下代加工白衣大褂的合同。合同中有一条，甲方为张某（乙方）预先代购一台服装加工样品机，乙方须预付现金2000元，样品机次日交货，其余机器由乙方按加工能力和速度自行购置。张某按合同规定付款后，几个"老板"以急于帮助购置样品机为由快速驶车离开。次日，张某左等右等也见不着"老板"的影子，更别提样品机了。张某报案后，公安部门凭合同地址审查，结果合同地址、签名均是假的，张某签的是一份欺诈合同，张某追悔莫及。

前些年我在工作中还碰到过这样一起案例。某人以浙江某中外合资公司的名义到江西省几个乡村"招工"，与应聘者签订了"招工意向合同"，并向每个应聘者收取报名费等费用共200元，说200元中50元属于报名费，150元是大家进厂报到前的交通、接待、联系等费用。最终被录用者最迟不超过一个月可进厂上班，应聘者如果出现突发情况或未被录用，只要有本人申请和村民委员会的盖章证明，可退还 150 元。对已聘用而无故不到者其所交纳的 200 元作为违约金。谁知道数十人自交了报名费等费用后，几个月连一个电话都等不到，有几个人还不惜代价长途远行，带着招工合同跑到浙江寻找招工企业和招工当事人，可就是找不到企业，也见不着那几个招工的人，才明白这是一场合同骗局。

2. 无法履行，有陷阱的计谋

有的欺诈人为了实现非法占有财物的目的，有意在合同条款中设置陷阱，造成对方无法履行合同条款，构成违约而放弃定金和中介费，还要支付违约金。在这里举一个真实案例。

龙游有家木制品厂为寻找销售的大户，向某市一家中介公司交了 1 万元中介费，与其订了一份业务介绍的居间合同，合同中规定只要合作伙伴寻到就视为居间成功，至于业务洽谈成功与否，中介无直接责任。

中介向木制品厂介绍了上海的一家企业，木制品厂厂长包某与中介一起去上海签订加工定做木制品合同。合同标的是码头船运集装箱防潮木垫。在与那家企业的洽谈中，对方总是提出十分苛刻的要求和条件，在包某随带的样品中翻来覆去地找问题。而中介方一言不发，中途还提出公司有急事，须马上离开现场返回公司，走前还反复嘱咐双方慢慢谈："我总算把你们供需双方撮合在一起，希望你们尽可能把合同签下来……"在中介方退出洽谈会后，供需双方最终不欢而散。

木制品厂包某有些郁闷，回头向中介提出因签约不成功，要求中介返还部分中介费。而中介机构总是以"我已按合同办事，居间任务已完成，至于业务谈不谈得妥是你们双方自己的事"为由拒绝返还中介费。包某几经周折，最后感动了中介方，要回了千余元路费，但也无法收回其余九千元的中介费，造成厂家花钱看了一场双簧戏，既亏了钱又受气。

1995 年 6 月 1 日《中国工商报》头版刊登的一篇题为《美国真的要婴儿尿布吗》的文章也报道了这类诈骗行径，现摘录如下：

"美国要 100 万打，共计 1200 万条婴儿尿布，总加工金额是 540 万元人民币。你们接不接这活儿？"

从去年冬天开始，有一位自称是美国某公司驻华代表的黄老板，在北方的一些生产不大景气的企业中到处奔走，鼓噪着这个"冬天的童话"。人们都觉得有些不可思议，没怎么把黄老板送上门来的"甜活儿"当回事，甚至根本就没有把黄老板当成正派人。

但也有人当回事了，河北省遵化市的一家乡镇企业正愁找不到活儿，"百余人怎么也得给几个过年的钱吧！再说了，人家各种手续又都齐全"，就这么着，这家乡镇企业与黄老板签了加工婴儿尿布的合同，并按照黄老板的要求付了一笔数额不小的质量保证金。

本来，我国有关法律规定，定做方事先向承揽方付定金，从未有过质量保证金这么一说。这也就是说，这家乡镇企业接下加工婴儿尿布的活儿，不是要付给黄老板什么保证金，而是黄老板应付定金，但这家乡镇企业的农民兄弟没有想这么多，还觉得有 540 万元的加工费，怕什么？就这么一走眼，也就被套上了，如果他们做出的婴儿尿布不合质量要求，那笔质量保证金就要被黄老板依照合同扣掉了。

果然，当几位心灵手巧的姑娘将精心制作的样品送给黄老板过目时，不是被挑剔样品尺寸不准，就是被挑剔针脚不对，一次次返工，一次次挑毛病，到了今年索性连黄老板的人影都找不着了，这时，这家乡镇企业的负责人才发觉大事不好，一头扑进工商局哭诉起来。

与此案件相类似的还有中央电视台《焦点访谈》节目中揭露的婴儿枕头和鞋垫加工等一大批案件。据记者调查，无论是"婴儿尿布"还是"鞋垫"，根本没有什么最终的大买主，别有用心的人与开工不足、生产不景气的企业签订所谓的加工合同，其真实动机是要趁火打劫，利用这些企业"饥不择食"的心理骗取钱财……

3. 无资格证书，有假证件

有的欺诈方持伪造的证件或过期无效的"营业执照""特殊行业许可证"等进行欺诈行骗。欺诈方抓住厂家和消费者的心理需求，一般在市场滞销商品和紧俏商品上设计骗局，因为，滞销商品不易卖出，而紧俏商品不易买到，厂家和消费者一大意就会被不法分子钻了空子。

前几年，某公司郑州经贸处处长刘某等四人带着伪造的公司有关证件到龙游与一家企业签订了一份 11.8 万元的花茶购销合同。工商行政管理机关鉴证部门提出手续不完备、证照经营范围与合同标的不符合等问题，不予鉴证，并当场阻止了合同的履行。

一个月后，刘某等人不甘心第一次骗局的失败，再次来到龙游某茶厂，与供销科达成供销合同，合同规定供方将价值 11.8 万元的花茶送到郑州，交货验收后需方马上付清款项。供方认为反正是一手交钱一手交货的货款两清合同，即使手续不完备、供方证照经营范围与合同标的不符合也无关紧要，只要把这批滞销的花茶销出去，尽快地收回货款就达到目的了，从而就未办咨询和鉴证等手续。后来，供方按照合同约定，将货送到郑州，需方验收后交给供方 11.8 万元的银行支票。第二天供方为了慎重起见，把银行支票拿到银行去验证，但万万没想到，该支票竟是一张假支票。供方经办人立即返回郑州寻找刘某问个究竟，结果宾馆工作人员说："和你们联系业务的那批人昨晚全部搬走了，他们只是临时租住了两天两夜。""办事处"的办公桌椅全没了，已成宾馆房间了，这时经办人慌了神，马上向郑州及龙游两地的公安、工商部门报了案。事后供方所在地的政府、公安、工商部门联合组成专案组赴郑州调查此案，在郑州公安的配合下，前往广州、珠海、武汉、上海、杭州等地侦破案件，最后将刘某等四人抓获归案。

后经刘某交代，11.8 万元的花茶已低价出售，所得钱款除了抵债基本花完，所剩无几。供方企业不仅亏了花茶款，而且还增加了不少其他费用，遭遇一系列麻烦。后来得知该公司郑州经贸处并不存在，所有证件都是伪造的。刘某采用多种手段、多种假证件及配套的假发票，多次到其他企业和单位进行诈骗，并骗得巨额赃款赃物用于团伙消费。公安机关在刘某身上就收缴出 12 枚公章和许多假证件。

这类案件在现实中还是比较常见的，我们只有多预防、多咨询、多验证、多考察，才能甄别真假，才能避免落入犯罪分子的圈套。

4. 合同欺诈专业性强

随着科技进步及法律法规日益完善，合同欺诈的专业性也越来越强，其手段也越来越巧妙，普通百姓有时很难识别，特别是一些初订合同的新手，容易落入诈骗分子的圈套。这里我想摘录一篇 1996 年 10 月 17 日《中国工商报》头版刊登的《合同欺诈"专业户"》一文，希望读者引以为戒。

　　9月25日下午，北京市工商局会议室内掌声雷动，陕西省咸阳市某集团销售公司当场领回了被骗的200架自动照相机，并向市工商局赠送锦旗以示感谢。与此同时，一家以合同欺诈为生的"专业户"也受到了严厉的处罚。"户主"王某所在的唐山市路南区对外经济贸易公司北京经销处被处以5万元罚款，责令退回所骗财物；王某的女儿，北京市能仁祥经贸有限公司法定代表人被责令退回200架照相机，公司营业执照也被吊销。王某还向北京市丰台区工商局做出了"永不再犯"的书面检查。至此，王某一家利用合同欺诈而发财致富的劣迹得以大白于天下。

　　王某一家的欺诈水平堪称"专业"，利用合同欺诈的秘诀在于以表面的合法掩盖非法，即在合同中加入对方无法履行的条款，故意制造对方违约，然后以对方交付的一些货物为质，强行索要违约金，要求双倍返还定金，并借机解除合同。这用他们自己的话来说叫"规避法律"。

　　为了使自己的行为天衣无缝，平均文化水平不到高中的这家人，购买了大量的法律、经济类的书籍，广泛"研究"经济法知识，书上还留下了"钻研"后的各类符号。为了能学透有关知识，这家人有时还有意打电话向国家技术监督局咨询，咨询内容是大多数人尚不明白的"质量认证体系"等。

　　为使欺诈得逞，这家人精心选择"猎物"。如只找来认证的厂家签合同，先是装出一副"诚意"主动付给定金，在签合同时瞒天过海，模糊合同有关条款或使出"障眼法"趁对方大意"补上一条"。

　　让合同对方"明知不可为而为之"是这家人的看家本领。他们曾拿着质量认证体系证书对兰州王中食品总公司谎称其是"出口证件"，对方上当后，他们立刻要挟对方，称如不按其要求办理就向人民法院起诉，并在新闻媒体上曝光。

　　这家人还真是"艺高人胆大"，为了挽回所谓的"损失"，他们贼喊捉贼，几次起诉受骗的企业。今年1月30日北京市丰台区人民法院一审判决王某胜诉，对方不服上诉，二审维持原判。3月18日丰台区人民法院又在另一个案件中判其胜诉。据了解，北京仲裁委员会也有类似的裁定。

　　就这样，短短的一年时间里，王某一家人疯狂地签订了至少30份经济合同，涉及北京、广东、湖北、安徽等13个省市，合同总金额计490余万元，共骗取现金5.08万元及大量食品、服装、首饰、验钞机等财物。利用这种"营生"，他们的公司一年内什么生意也没做，全靠骗来的财物添置大哥大、电脑、摩托车等，全家近10人的生活也由此得到改善。

"多行不义必自毙"，正当王某一家为屡屡得逞而自鸣得意时，北京市丰台区工商局接到了举报，决定立案调查。

工商局的同志认为，单从一份合同来看，法院判其胜诉是没有问题的，合同的严肃性应得到维护，不履约行为应受到处罚。国家工商局公平交易局合同处有关人士认为，合同的受骗者有重大误解，而王某一家则有"主观上的恶意"，因而合同应无效。办案人员从侧面进攻，迂回包抄，最终让王某在事实面前承认了自己的诈骗行径。

就签订的30多份合同来看，受骗者大多根本不懂质量认证体系证书、CE认证等，在未向专业人士和主管部门咨询的情况下，就地签了合同。王某一家根本就无履约能力和履约诚意，还谎称自己有进出口权等，其行为已明显违反了国家工商局发布的《关于查处利用合同进行的违法行为的暂行规定》中的规定。

据国家工商局统计，我国每年产生合同约10亿份，其中书面合同仅占30%并且履约率已从几年前的70%～80%，降到现在的50%。正是欺诈行为肆虐，使企业普遍失去了安全感，宁愿退回到"一手交钱，一手交货"的原始交易方式，严重阻碍了社会经济的发展和进步。

然而，如何进一步制止、打击类似王某这一类"专业户"的违法行为？工商部门普遍感到办法不多，防范困难。有关人士呼吁，企业签订合同时千万要小心，一定要明确合同的内容，有关部门应加强合作，新闻媒介应对骗子曝光，使广大的经营者识破其欺诈伎俩，使无人与其签合同，用"市场之手"来"封杀"此类诈骗行为。

从以上案件可以看出，如果订立合同之前，将合同拿去公证和鉴证的话，就会多一道防护栏，多一些安全系数。不管欺诈手段如何隐蔽，欺诈分子如何狡猾，在谨慎、专业的合同公正和鉴证的环节中都会露出马脚，这样就可以及时识破骗局，避免损失。针对欺诈合同除了提高警惕，多学法律法规增强敏锐性和洞察力，借助市场及媒体的力量外，还必须积极寻求合同公证、鉴证的专业部门的帮助来为自己的合同增加一道预防关口，这不仅能增加安全感，而且还可以使你的合同更趋完整，确保合同合理性与合法性。

二、预防无效合同

对合同进行公证和鉴证，除了帮助发现欺诈合同外，还可以帮助你预防无效合同的产生。我们知道，随着市场经济的不断发展，合同的形式和类别也逐渐增多，其内容和标的就更是五花八门。根据对公证和鉴证部门的调查发现，曾有不少无效经济合同通过公证和鉴证得到处理和调整，从而减少和避免了无效经济合同的产生。其实在我们现实的经济活动中，还有很大一部分经济合同未经公证和鉴证，这样无形之中就增加了风险。如果合同中出现无效条款或合同本身就是无效的，而未被发现，在合同履行过程中发生纠纷又调解不成，非得对簿公堂不可，那么有可能合同中的无效条款或无效合同本身就不受法律保护，造成维权困难。

无效合同是针对有效合同而言的，是指合同虽然成立，但因其内容和形式违反法律、行政法规、社会公共利益，被确认为无效。无效合同的确定权归属于对合同有管辖权的人民法院。但在有效合同中也可能有部分无效条款。比如说在普通的合同条款中，下列免责条款属无效条款：一是造成对方人身伤害的；二是故意或重大过失造成对方财产损失的；三是提供格式条款，一方免除责任，加重对方责任，排除对方主要权利的条款无效。无效合同主要特点是主体不合格、内容不合法、意思表示不真实。下面介绍房屋买卖合同无效的几种具体情形，并进行解剖分析，以便读者进一步融会贯通、加深理解，便于日后实际操作。

刘德生老师在 1997 年 11 月 20 日的《检察日报》上刊登了《房屋买卖合同无效的几种情形》一文，文章摘要如下。

房屋买卖，是指房屋所有权人将房屋所有权转让给房屋买受人，而买受人为此支付相应价款的行为。买卖房屋必须签订房屋买卖合同。实践中房屋买卖纠纷时有发生，房屋买卖纠纷涉及产权、价款、原承租户的利益等多种问题，但都离不开买卖合同的有效性问题。那么，究竟哪些房屋买卖合同属无效合同呢？归纳起来主要有以下七种：

1. 房产、地产分别转让，合同无效。房屋是建在土地上的，为土地的附着物，具有不可分离性，因为房屋所有权通过买卖而转让时，该房屋占用范围内的土地使用权也必须同时转让。如果卖方将房产和土地分别转让于不同的当事人或者出卖房屋时只转让房屋所有权，而不同时转让土地使用权，买方可以提出这种买卖合同无效。

2. 未办理登记过户手续，合同无效。房屋买卖合同的标的物所有权的转让以买卖双方到房屋所在地的房管部门登记过户为标志。否则，房屋买卖合同不能生效，也就不能发生房屋所有权转移的法律效果。即使房屋已实际交付也属无效，故只要房屋没有正式办理登记过户手续，即使卖方已收取了房价款，并将房屋交付买方使用，当事人仍可提出合同无效的主张。

3. 产权主体有问题，合同无效。出卖房屋的主体必须是该房屋的所有权人。非所有权人出卖他人房屋的，其买卖行为无效。房屋的产权为数人共有的，必须征得共有人同意才能出卖，出卖共有房屋时须提交共有人同意和证明书。

4. 侵犯优先购买权，合同无效。房屋所有权人出卖出租房屋时，在同等条件下，共有人有优先购买权，房屋所有人出卖出租房屋时，须提前3个月通知承租人，在同等条件下承租人有优先购买权。房屋所有人出卖房屋时侵犯共有人、承租人优先购买权时，共有人、承租人可以请求法院宣告该房屋买卖合同无效。

5. 单位违反规定购房，合同无效。机关、团体、部队、企事业单位不得购买或变相购买城市私有房屋。如因特殊需要必须购买，须经县级以上人民政府批准。单位违反规定，购买私房的，该买卖关系无效。

6. 买卖中存在欺诈行为，显失公平，合同无效。……

7. 非法转让，合同无效。根据《城市房地产管理法》的规定，下列房地产不得转让：

（1）以出让方式取得土地使用权的，不符合转让房地产条件的；

（2）司法机关和行政机关依法裁定、决定查封或者以其他形式限制房地产权利的；

（3）依法收回土地使用权的；

（4）共有房地产未经其他共有人书面同意的；

（5）权属有争议的；

（6）未依法登记领取权属证书的；

（7）法律、行政法规规定禁止转让的其他情形。

总之，为保证房屋买卖行为的正常、有序进行，维护健康的房屋买卖关系，在签订房屋买卖合同时，应注意有关法律规定，特别是上述七种情形更需引起重视，只有签订有效的买卖合同，房屋买卖才能达到顺利转让房屋的目的。

刘德生老师所归纳的房屋买卖中无效合同的几种情形，是非常有道理的，但这仅仅是指房屋买卖中的无效合同情况，还有众多的其他类型的经济合同，需根据合同的标的、形式的不同而做出判断。不同类型的合同可能会存在不同的无效因素，在难以辨识合同有效还是无效之时，你只有多向有专业知识的老师和行家进行咨询，或者直接到合同公证或鉴证部门进行公证或鉴证，才会减少乃至避免无效合同的产生。

三、维护合同平等性，避免霸王条款

通过对公证和鉴证部门的许多合同档案调查，公证和鉴证部门为维护合同的双方或多方权利义务的平等性，确实起到了很大的作用。许多合同存在一些不平等的霸王条款，所谓霸王条款，就是一些经营者单方面制定的逃避法定义务、减免自身责任的不平等格式合同、通知、声明和店堂告示或者行业惯例等。特别容易出现霸王条款的合同类型有：某些中小型加工作坊或厂家与大中型超市经销商签订的商品经销或代销合同，房地产合同，金融借贷合同，保险合同，通信网络合同，旅游服务合同，供电、供水、供气等合同。有的霸王条款经过公证、鉴证部门修改调整，合同得以顺利履行；有的合同经公证、鉴证部门审查，被发现其中存在霸王条款，双方提前解除或终止合同，以免日后引起纠纷难以解决。这些不平等条款产生的情形多数为要约方提前制定好格式合同，承诺方无时间无机会当场审核或审核时不够细致，随手签约，也有的承诺方无法变更霸王条款，只有被动地服从，等等。2014年8月9日《中国剪报》头版头条就刊登了一篇题为《银行等成"霸王条款"重灾区》的文章，现摘录如下。

前不久，国家工商总局对银行、电信等行业中多项霸王条款提出批评，此举引起社会高度关注。记者调研发现，霸王条款目前仍普遍存在，有时消

费者即使遇到霸王条款，要想维权也实属不易。

　　据调查，在银行、电信、汽车等行业，霸王条款最为普遍。

　　在诸多霸王条款中，最常见的就是滥用免责条款。上海市消费维权律师志愿者王军旗律师表示，多数"网络银行服务协议"都有不可抗力条款，即约定在遇到不可抗力时，银行如果没有执行客户的指令，可以不承担责任。但是，对于什么是不可抗力，银行却没有任何说明。此外，电信运营商在推出对网络进行扩容、调速、软件升级等措施时，对由此可能导致消费者无法正常使用互联网业务而造成的损失，也不承担任何责任——这些都是典型的霸王条款。

　　上海市消费者权益保护委员会副主任赵皎黎说："在我们的工作中，免责条款被消费者投诉的比较集中。比如，消费者本想买银行理财产品，但拿到的却是保险产品。可一旦签名后，所有风险都由消费者承担，不少老人就因此受损。"

　　另一种普遍存在于电信、汽车行业的霸王条款，是强搭硬售。知名电信分析师付亮告诉记者，几乎所有的运营商合约手机中，都被强制安装了不可卸载的非必需应用软件。

　　对于霸王条款，专家建议，必须从法律、监管、维权等多方面着手，让霸王条款的受益者得不偿失。同时，还要引入竞争机制，让消费者面对霸王条款时，还有用脚投票的权利。

　　近期，奔驰、奥迪等品牌的豪车都在调价。以奥迪 A6L 为例，此次调整后，该车型的"零整比"将从 411％ 降至 291％。业内人士指出，这与发改委的反垄断调查密不可分。由此可见，霸王条款也并非不败金身，关键还应敢于亮剑。

　　这里我想具体从三方面用实例来进一步剖析霸王条款普遍存在于现实中的表现。

　　第一，经营、服务领域里的霸王条款。

　　2004 年 8 月 6 日《经济晚报》第五版刊登的《中消协炮轰金融领域六大霸王条款》一文就明确指出以下几点。

1. 电话挂失不担责，生效时间往后拖。

一些银行规定，对于电话挂失只协助防范，不承担任何责任，而且受理书面挂失后 24 小时内的经济损失也由消费者自负。

点评：电话挂失和书面挂失在本质上都是当事人要求挂失的明确意思表示。因此只要银行接到挂失请求，就有立即止付，确保消费者财产安全的义务。

2. 不可抗力随意用，混淆概念欲免责。

一些银行在办卡时对消费者承诺，一卡在手全国通兑，但消费者持卡到外地取款取不出钱来，银行却称用卡协议中有规定，"对设备、供电、通信或者自然灾害等不可抗力因素或持卡人操作失误造成储蓄交易不成功，银行不承担任何经济和法律责任"。

点评：设备故障造成的储蓄卡交易不成功，应由银行承担违约责任，将其列为不可抗力是银行偷换概念，其实质是想为自己脱责。

3. 章程规定单方改，强迫对方受约束。

一位消费者办理借记卡时，发现该银行制定的《借记卡使用规定》指出，"本规定一经修改无须事先通知持卡人，亦即生效"，而《借记卡章程》也提出"修改时无论持卡人是否知悉，均具约束力"。

点评：首先按照《合同法》的有关规定，合同订立后，非经当事人协商一致，任何一方无权擅自变更合同。其次《消费者权益保护法》规定，持卡人作为消费者，有权利知道所接受服务的真实内容。最后，银行卡格式条款的修改除了因国家有关法律法规或金融管理规章有新的强制性规定之外，其他新章程若持卡人不接受，银行无权强迫其接受。

4. 柜员机记录不算数，存款数额银行定。

一些消费者反映柜员机一次存款数额限制不明示，有吞卡和卷钱的现象，而且有的银行规定，"持卡人在自动柜员机上存入现金，以本行点核数为准入账"。

点评：造成柜员机收账记录与银行人员点核数额不符合的原因很多，一旦发生异议，消费者有权要求银行重新审核。如果银行不尽审核义务，造成消费者财产损失的，应承担相应民事责任。

5. 银行强定保险人，指定律师你埋单。

目前，大多数商业银行在办理个人购房抵押贷款时，要求借款人购买房屋保险，但限定必须向银行指定的保险公司投保，而且要求借款人到其指定的律师事务所审查贷款资信情况。

点评：消费者有权选择是否接受律师服务，银行强行指定保险公司和律师事务所是一种捆绑销售的不正当竞争行为。

6. 抵押贷款购房屋，金额保险才放款。

消费者反映在办理个人住房贷款时，有贷款银行称，消费者必须对整个房屋（按房款算）全额保险，并将保单交给银行，才能获得所需贷款。

点评：考虑到房屋价值有可能随市场波动，银行可以规定投保额度略高于贷款额度，但不能强制要求"借款人对房屋全额投保"。

在现实中，金融领域的霸王条款，也不仅仅就是以上6个方面，这仅仅是简单地举了一些已出现的霸王条款中的一部分。

第二，装修工程领域的霸王条款。

2011年10月21日《中国剪报》第六版刊登了《装饰装修行业的"霸王条款"》一文，该文有说理的独到之处，现摘录供参阅。

1. 免除对商品或服务的保证责任。

霸王条款：装修工程自验收合格，双方签字之日起保修期为一年；凡不是本公司采购的材料，不负责保修与环保质量保证。

工商点评：据相关规定，住宅室内装修工程最低保修期为两年，有防水要求的厨房、卫生间和外墙面的防渗漏五年。同时，根据《消费者权益保护法》第九条规定，消费者有选择装饰材料的权利。装修企业的这种强制搭售行为违反了该法规定。

2. 设定消费者承担的违约金数额。

霸王条款：签单后如因甲方（消费者）原因发生退单，装修公司收取其工程款的20%作为违约金。

工商点评：从目前装修行业的利润状况看，20%的违约金有可能超过了合同利润。这无形加重了消费者负担，对消费者不公平。

3. 设定消费者承担经营风险责任。

霸王条款：凡私自与施工人员商定要更改施工内容引起的一切后果，均由消费者自负；非因装修企业原因造成的停水、停电、停气影响导致停工 8 小时以上工期相应顺延，造成的误工、损失费由消费者承担。

工商点评：施工人员代表施工方的利益，其与消费者商定，也就代表施工方同意了变更方案，由此引起的后果应由施工方负责，不应由消费者负担。非消费者自身原因而是由于政策、意外事件等不可抗力因素造成的停水、停电、停气不能一概而论，这是将企业遇到不可抗力的经营风险转嫁到消费者身上。

4. 排除消费者变更解除合同的权利。

霸王条款：甲方（消费者）在项目施工前可以删减项目，但不得超过 20%，项目开工后不得删减；工程减项不能超过合同总造价的 30%。

工商点评：《合同法》规定，经双方协商一致，可以变更合同。《住宅室内装饰装修管理办法》也规定，住宅装饰装修合同应当包括合同变更的条件。装饰公司以格式合同的形式，使用固定文字不给消费者商量的机会，限制和排除了消费者变更合同的权利，侵害了消费者的合法权益。

5. 排除消费者依法应享有的其他权利。

霸王条款：甲方（消费者）无正当理由，不参加工程验收或到期未提出异议视为同意，并在三日内结清余款，如消费者在竣工验收合格后三日内未向乙方付清全部余款，则视为消费者放弃保修权利。

工商点评：工程竣工后应由消费者按照合同约定进行验收，而不是由装修企业组织验收。同时，不结清工程款属合同违约，是另一种法律关系，装修企业可通过协商或司法等途径来解决，不能以此为条件不尽保修义务，排除消费者应当享有的保修权利。

第三，其他领域中的霸王条款。

接下去我们再看看中国消费者协会在 2006 年 2 月 7 日曾公布过的征集得来的部分不平等格式条款，现也摘抄供参考。

1. 商场规定：赠品、奖品不予"三包"；打折商品不退。

2. 药品、珠宝一经售出，概不退换。

3. 家电"三包"服务规定：家用电器退换货时，商品包装、外观必须完好，附件必须齐全，否则不予"三包"。

4．商场儿童乐园规定：儿童在此游玩发生事故，本商场概不负责。

5．超市存包须知：寄物柜是服务性质，超市不负保管及赔偿责任。

6．种子包装标签：从认购之日起 15 天内请试芽，若出芽率不够，可携带包装袋及所购种子的收据到购种处协调解决，过期视为合格产品，不承担任何经济损失。

7．种子包装标签：因种子本身具有复杂之遗传因子，故播种后结果恕不负种子价以上责任。

8．某移动电话入网协议：乙方（消费者）移动电话被他人非法并机或被盗用而给对方造成的经济损失，甲方不负任何责任。

9．默认业务：用户如果不使用以上业务必须在某年某月某日前到通信公司或拨打电话取消相关业务，否则视用户默认同意使用。

10．某银行注销卡申请书规定：（消费者）同意自递交申请之日起 45 天内继续承担被注销卡产生的风险损失。

11．银行公告：用户必须统一办理银行卡，不允许用现金缴费，不办理卡者就不给代收水电费。

12．保险规定：购买车辆第三责任险，必须购买车辆损失险、玻璃附加险，否则不予以办理。

13．某保险公司《个人意外伤害保险》规定：投保人在申请投保时，应按被保险人的周岁年龄填写，若发生错误，则补费计息，退费无息。

14．某商品房买卖合同规定：若乙方（开发商）在下述交付期限 20 天后仍未交房，每拖延一天按万分之二（每天 30 元）罚款给甲方（业主）。甲方不按合同规定及时缴款的，超过按每天每套 200 元付给乙方，如甲方没有履行约定，中途退房，乙方有权扣除所缴房款的 50%。

15．某商品房买卖合同规定：该商品房所在楼宇的屋面使用权不属于买受人，该商品房所在楼宇的外墙面使用权不属于买受人。买卖双方同意屋顶和外墙面广告权，以及会所、休闲、娱乐设施及其他卖方投资建造的经营性房产和设施权益属于出卖方。

16．某物业公司物业管理规定：在停车场停放自行车每月每户××元、摩托车××元、轿车××元。车辆损坏或丢失及车内物品丢失或损坏均由车主自己承担责任。

17. 某自来水公司收费规定：自来水公司按最低用水量实行低度收费，用户每月最低用水量为 6 吨，不足 6 吨按 6 吨收取水费。

18. 某洗衣店规定：衣物毁坏，赔偿额不超过洗涤费的 10 倍。

…………

在我们平常所接触的一些合同中，霸王条款可以说是屡见不鲜的，今天避免了明天又出现。在不同的合同类型中，霸王条款有不同的表现形式，这里摘举的一些例子，仅仅是起个别参考的作用，而真正要避免这种霸王条款，还需要在实践中去认真地摸索、观察、分析、辨别，在遇到一些把握不准的合同时，多向专业机构、专业人员咨询，或进行公证和鉴证，这样会使不平等的霸王条款逐渐减少，确保合同公正、公平和完善。

第三节　公证与鉴证的责任承担

对合同进行公证或鉴证，不仅能提高合同合情、合理、合法的程度，提高合同的履约率，提高合同当事人的互信度，而且还有一个特殊的作用，那就是办理公证或鉴证的专业部门有相应的责任承担。也就是说，只要你的合同一经公证或鉴证，其公证或鉴证部门就自然承担了一定的法律责任。如果合同公证或鉴证的工作人员玩忽职守造成错误，或有重大失误，或隐瞒某些事实真相，或故意诱导合同中的双方或一方当事人，造成重大的经济损失，那么公证或鉴证部门同样应负相关的民事赔偿责任甚至刑事责任（国家有特殊规定的除外）。

一、公证和鉴证具有法律属性

从办理公证和鉴证的专业机构来看，它们属于国家依法设立的机构；从人员构成来看，办理公证和鉴证的工作人员是公职人员。公证机构和鉴证机构既履行着法律赋予的权利，也承担着为社会提供法律服务的重要职能，故对承办公证和鉴证人员的业务素质要求也相对较高。公证和鉴证人员拥有专业的法律知识，专门从事此类法律服务工作，经验相对丰富，所以说请他们对合同进行把关绝对有好处。他们的工作不仅是对合同进行公证或鉴证，而且也在无形之中参与你合同履行的全过程，除了督促双方或多方履行责任外，还要承担公证、鉴证的法律责任。

二、公证、鉴证者的法律责任承担

我们知道公证、鉴证机构不是虚设的形式机构，它们对自己办理过公证、鉴证的合同，不仅承担监督管理的责任，而且负有相应的法律责任。这里有一个典型案例，2010 年 9 月 8 日《中国剪报》第八版刊登了一篇题为《老夫妇告赢公证处获赔 120 万》的文章，就清清楚楚地说明了公证部门和鉴证部门对自己公证或鉴证过的合同负有的法律责任。现全文摘录如下。

杨大妈与老伴张大爷均是年近六旬的退休老人，育有一子小张。儿子小张没有正当职业，整天游手好闲，喜欢赌博。

2009 年 11 月的一天，儿子突然从保定打电话给杨大妈，表示已经把二老的房子卖了，过几天就会有人来收房子。"房产证在老伴手里，我们当然不相信了。"杨大妈说。

可就在一个星期之后，一位姓尹的年轻人带着 20 多人出现在二老面前，拿着房屋的新房产证通知二老，他已经买下该处房屋，二老必须立即搬出房屋。"当时他们又砸又骂，我俩身体不好，怕出事，第二天就搬了出来。"杨大妈说。

经过打听，原来是在当年 8 月，儿子小张欠了 40 余万元赌债，就偷走了房产证、二老的身份证及户口簿，请了一对"山寨"父母，到北京方圆公证处办理了房产委托出售公证。拿着公证书，小张便以 36 万元的低价将二老的房子卖给了一个姓许的中年男子。之后，这位许姓男子又以 40 余万元将房产转手卖给了那位尹姓青年。

今年年初，二老将儿子小张和公证处告上了北京东城法院，要求按房屋的市值进行赔偿。而此时房屋已经被尹姓青年作价 95 万元卖给了他人。

"我们家三代人都住在这套房子里，都几十年了。现在却只能到外面租房子，儿子也躲了起来至今没露面，我们只能指望法院了。"杨大妈说起房子的事十分伤心。

法院经审理后认为，经过相关司法鉴定，张大爷和杨大妈并未在《公证申请表》原件背面申请人签名处及委托书中的委托人落款处签字，而公证处在向小张出具委托公证书的审查办理阶段存在重大过错，与二老所有房屋被出售有直接关系，造成了原告重大经济损失。最终，法院判决方圆公证处赔偿张大爷和杨大妈人民币120余万元。

可见，公证部门和鉴证部门只要介入了公证、鉴证的业务，就要承担法律规定范围内的法律责任，必须对合同进行严格把关。总而言之，公证部门和鉴证部门是专业、负责的法律服务机构，我们将把握不准的经济合同拿到公证部门或鉴证部门进行公证或鉴证，自然也就提高了合同的可信度和履约率。

附录　合同示范文本和参考文本

为方便大家更准确顺利地签约，笔者将现行通用的 32 个不同类别和内容的合同示范文本和参考文本作为参考式样，具体附后，供大家参照。但我们在实际运用中不能照搬照套，一定要联系当时当地的情况，视合同的标的物变化而做出调整、补充、完善，使合同条款与内容公平、合理、合法，并遵循合同双方或多方平等自愿的原则。

（1）工业品买卖合同

（示范文本）

合同编号：＿＿＿＿＿＿＿

出卖人：＿＿＿＿＿＿　　　　　签订地点：＿＿＿＿＿＿＿＿＿

买受人：＿＿＿＿＿＿　　　　　签订时间：＿＿年＿＿月＿＿日

第一条　标的、数量、价款及交（提）货时间

标的名称	牌号商标	规格型号	生产厂家	计量单位	数量	单价	金额	交（提）货时间及数量
合计人民币金额（大写）：								

（注：空格如不够用，可以另接）

第二条　质量标准：＿＿＿＿＿＿＿＿＿＿＿＿＿＿＿＿＿＿＿

＿＿＿＿＿＿＿＿＿＿＿＿＿＿＿＿＿＿＿＿＿＿＿＿＿＿＿＿＿＿。

第三条　出卖人对质量负责的条件及期限：＿＿＿＿＿＿＿＿＿＿。

第四条　包装标准、包装物的供应与回收：＿＿＿＿＿＿＿＿＿＿

＿＿＿＿＿＿＿＿＿＿＿＿＿＿＿＿＿＿＿＿＿＿＿＿＿＿＿＿＿＿。

第五条　随机的必备品、配件、工具数量及供应办法：＿＿＿＿＿

＿＿＿＿＿＿＿＿＿＿＿＿＿＿＿＿＿＿＿＿＿＿＿＿＿＿＿＿＿＿。

第六条　合理损耗标准及计算方法：＿＿＿＿＿＿＿＿＿＿＿＿＿

＿＿＿＿＿＿＿＿＿＿＿＿＿＿＿＿＿＿＿＿＿＿＿＿＿＿＿＿＿＿。

第七条　标的物所有权自＿＿＿＿＿＿＿时起转移，但买受人未履行支付价款义务的，标的物属于＿＿＿＿＿＿＿所有。

第八条　交（提）货方式、地点：＿＿＿＿＿＿＿＿＿＿＿＿＿＿。

第九条　运输方式及到达站（港）和费用负担：＿＿＿＿＿＿＿＿

＿＿＿＿＿＿＿＿＿＿＿＿＿＿＿＿＿＿＿＿＿＿＿＿＿＿＿＿＿＿＿＿。

第十条　检验标准、方法、地点及期限：＿＿＿＿＿＿＿＿＿＿＿。

第十一条　成套设备的安装与调试：＿＿＿＿＿＿＿＿＿＿＿＿＿

＿＿＿＿＿＿＿＿＿＿＿＿＿＿＿＿＿＿＿＿＿＿＿＿＿＿＿＿＿＿＿＿。

第十二条　结算方式、时间及地点：＿＿＿＿＿＿＿＿＿＿＿＿＿

＿＿＿＿＿＿＿＿＿＿＿＿＿＿＿＿＿＿＿＿＿＿＿＿＿＿＿＿＿＿＿＿。

第十三条　担保方式（也可另立担保合同）：＿＿＿＿＿＿＿＿＿

＿＿＿＿＿＿＿＿＿＿＿＿＿＿＿＿＿＿＿＿＿＿＿＿＿＿＿＿＿＿＿＿。

第十四条　本合同解除的条件：＿＿＿＿＿＿＿＿＿＿＿＿＿＿＿

＿＿＿＿＿＿＿＿＿＿＿＿＿＿＿＿＿＿＿＿＿＿＿＿＿＿＿＿＿＿＿＿。

第十五条　违约责任：＿＿＿＿＿＿＿＿＿＿＿＿＿＿＿＿＿＿＿

＿＿＿＿＿＿＿＿＿＿＿＿＿＿＿＿＿＿＿＿＿＿＿＿＿＿＿＿＿＿＿＿。

第十六条　合同争议的解决方式：本合同在履行过程中发生的争议，由双方当事人协商解决；也可由当地工商行政管理部门调解，协商或调解不成的，按下列第＿＿＿＿＿种方式解决：

（一）提交＿＿＿＿＿＿＿＿＿＿＿仲裁委员会仲裁；

（二）依法向人民法院起诉。

第十七条　本合同自＿＿＿＿＿＿＿＿＿＿＿起生效。

第十八条　其他约定事项：＿＿＿＿＿＿＿＿＿＿＿＿＿＿＿＿＿

出　卖　人	买　受　人	鉴（公）证意见：
出卖人（章）：	买受人（章）：	
住所：	住所：	
法定代表人：	法定代表人：	
委托代理人：	委托代理人：	
电话：	电话：	
传真：	传真：	
电子邮箱：	电子邮箱：	鉴（公）证机关（章）
开户银行：	开户银行：	经手人：
账号：	账号：	
邮政编码：	邮政编码：	年　月　日

（2）家具买卖合同
（示范文本）

合同编号：_____

出卖人：_____　　　　　签订地点：_____

买受人：_____　　　　　签订时间：____年____月____日

第一条　家具名称、数量、价款

家具名称	商标或品牌	规格型号	材质	颜色	生产厂家	数量	单价	金额
合计人民币金额（大写）：								

（注：空格如不够用，可以另接）

第二条　质量标准：_____。

第三条　家具保修期为_____月，在保修期内出现家具质量问题，由出卖人在____天内修理好或更换，修理不好或不能更换的，予以退货。

第四条　定做家具图纸提供办法及要求：_____。

第五条　交货时间：_____。

第六条　交（提）货方式及地点：_____。

第七条　运输方式及费用负担：_____。

第八条　验收标准、方法及提出异议的期限：_____。

第九条　付款方式及期限：_____。

第十条　违约责任：_____。

第十一条　合同争议的解决方式：本合同在履行过程中发生的争议，由双方当事人协商解决；也可以由有关部门调解；协商或调解不成的，按下列第＿＿种方式解决：

　　（一）提交＿＿＿＿＿＿＿＿＿仲裁委员会仲裁；

　　（二）依法向人民法院起诉。

　　第十二条　其他约定事项：＿＿＿＿＿＿＿＿＿＿＿＿＿＿＿＿。

出卖人名称（章）：	买受人名称（章）：
住所：	住所：
法定代表人签字：	法定代表人签字：
委托代理人签字：	委托代理人签字：
电话：	电话：
电子邮箱：	电子邮箱：
开户银行：	开户银行：
账号：	账号：
邮政编码：	邮政编码：

（3）汽车买卖合同
（参考文本）

合同编号：_____

出卖人：_____　　　　签订地点：_____

买受人：_____　　　　签订日期：___年___月___日

一、汽车型号及金额

汽车品牌	型号	发动机号	合格证号	车架号	海关单号	商检单号	颜色	价格	备注

（注：空格如不够用，可以另接）

二、交车方式

交车地点：_____　　　　交车时间：_____

付款方式：_____　　　　付款时间：_____

三、质量维修

1. 出卖人向买受人出售的汽车，其质量必须符合国家颁布的汽车质量标准。

2. 出卖人向买受人出售的汽车，必须是在《全国汽车、民用改装车和摩托车生产企业及产品目录》上备案的产品或经过交通管理部门认可的汽车。

3. 出卖人向买受人出售汽车时要真实、准确介绍所销售车辆的基本情况。

4. 出卖人在买受人购买车辆时必须向买受人提供：（1）销售发票；（2）（国产车）车辆合格证、（进口车）海关进口证明和商品检验单；（3）保修卡或保修手册；（4）说明书；（5）随车工具及备胎。（以上3、4、5项如没有，售前应说明）

5. 买受人在购车时应认真检查出卖人所提供的车辆证件、手续是否齐全。

6. 买受人在购车时应对所购车辆的功能及外观进行认真检查、确认。

7. 汽车在购买后，如发现属于生产厂家的质量问题，可由出卖人协助买受人与生产厂家的维修站联系、解决。

8. 如属于在汽车售出前流通过程中出现的质量问题，出卖人未向买受人明示的，依法承担责任。

9. 如买受人使用、保管或保养不当造成的问题，由买受人自行负责。

四、违约责任（双方协商）

五、合同争议的解决方式

因本合同引起的或与本合同有关的任何争议，由双方当事人协商解决；也可向有关部门申请调解；协商或调解不成的，按下列第____种方式解决。

1. 提交_____仲裁委员会仲裁。

2. 依法向人民法院起诉。

六、本合同一式三份，双方各执一份，汽车交易市场主办单位留存一份（市场留存期一年）。

七、本合同经买卖双方签字盖章后生效。

买 受 人	出 卖 人
买受人姓名（签字盖章）：	出卖人名称（签字盖章）：
法定代表人（签字）：	法定代表人（签字）：
委托代理人（签字）：	委托代理人（签字）：
地址：	地址：
电话：	电话：
传真：	传真：
电子邮箱：	电子邮箱：
银行账号：	银行账号：

（4）汽车租赁合同
（参考文本）

术语解释

1. 出租方：持有营业执照和汽车租赁经营许可证，为承租方提供汽车租赁服务的企业。

2. 承租方：与出租方订立汽车租赁合同，获得租赁车辆使用权的自然人、法人和其他组织。

3. 保证人：当承租方不能履行汽车租赁合同约定的义务时，代为承担相应责任的第三方。

4. 租赁车辆：依照汽车租赁合同约定，出租方提供的安全技术性能、等级符合国家规定和行业规定且有齐全有效行驶证件的车辆。客运车辆应当为十二座以下小型客车。

5. 租金：承租方为获得租赁车辆使用权及相关服务而向出租方支付的费用。租金不包括承租方使用租赁车辆发生的燃油费、通行费、停车费、违章罚款等费用。

6. 有效证件：能够证明租赁车辆符合法律、法规规定的在道路上行驶的有关证件，如车辆行驶证、道路运输证、保险标、环保标、车船税讫、年检标和租赁企业工商营业执照等。

7. 设备：保证车辆安全和按购车时出厂配置标准配备的设施。

8. 保证金：为保证承租方履行合同义务，由承租方提供的资金形式的担保（押金）。

9. 权利、义务：租赁合同约定的合同当事人的权利、义务。

出租方：＿＿＿＿＿＿＿＿＿

承租方：＿＿＿＿＿＿＿＿＿

担保人：＿＿＿＿＿＿＿＿＿

出租、承租双方依据《中华人民共和国合同法》《××省道路运输管理条例》《××省汽车租赁管理办法》等有关法律法规，遵循诚实守信原则，本着平等互利、友好合作的意愿，就汽车租赁有关事项达成一致意见，订立本合同，并共同遵守。

第一条　租赁标的

承租方因需要向出租方租赁_____型号车辆_____辆，颜色为_____色，车架号为_____，车牌号为_____，道路运输证号为_____，行驶公里至_____。用途_____，行驶范围_____。

第二条　租赁期限、租金、保证金

1. 租赁时间单位为：□年　□季　□月　□天　□小时

2. 租赁期限自_____年___月___日___时至_____年___月___日___时。

3. 租金为人民币（大写）_____元。

4. 承租方在本合同签订之日一次性向出租方交纳保证金（押金）人民币（大写）_____元。合同届满后，承租方按时交还车辆以及车辆交付承租方时双方确认的随车携带的车辆行驶所需证件及相关标志、标识、随车附件等，且结清承租车辆违章罚款及其他应由承租方承担的责任和费用后，出租方退还承租方保证金（押金）。（双方也可约定采取其他方式的担保）

5. 租金交付时间和方式

第三条　租赁车辆保险

出租方确认交付给承租方的车辆已在_____公司办理了_____保险。其保险理赔的范围为：_____
_____。

第四条　出租方的权利、义务

权利

1. 依合同约定要求承租人返还租赁车辆。

2. 依据本合同约定向承租方收取租金、保证金或押金、双方约定的其他相关费用。

3. 按本合同约定请求及接受因承租方原因造成租赁车辆丢失、损坏的赔偿。

义务

1. 向承租方提供符合国家标准及机动车《车辆生产企业及产品公告》

管理规定且年检合格、状况良好、设备齐全的车辆以及车辆行驶所需的齐全的有效证件。

2. 交接租赁车辆时如实提供车辆状况信息、车辆行驶所需证件及随车附件，并办理相应确认手续。

3. 承担本合同第三条约定险种的投保费用，并明确告知承租方所承担的风险责任，在保险理赔范围内承担保险理赔责任。

4. 承租方要求增加除本合同第三条约定的险种以外的其他险种的，出租方可代办，费用由承租方承担。

5. 向承租人提供车辆故障救援、维修和车辆替换等服务。故障救援以及维修期间免收租金（因承租方责任造成的车辆损毁除外）。租赁车辆经维修、救援后仍无法恢复使用功能的，出租方应提供相当档次替换车或采取其他措施。

6. 承担租赁车辆的日常保养及车辆正常损耗发生的修理费用。

7. 对所获得的承租方信息负有保密义务，公示车辆租金及相关收费项目与标准。

第五条　承租方的权利、义务

权利

1. 按合同约定拥有租赁车辆使用权。

2. 有知晓保证安全驾驶所需车辆技术状况及性能信息的权利。

3. 有获得出租方为保障租赁车辆使用功能所提供的相应服务的权利。

4. 有就租赁车辆的瑕疵从出租人处获得救济的权利。

义务

1. 如实向出租方提供驾驶证、身份证、户口簿、组织机构代码证、加盖承租单位公章的营业执照副本复印件、经办人员的身份证与所在单位的工作证明及授权委托书等证明文件。

2. 按合同约定交纳租金、保证金（押金）及其他费用。

3. 随车携带车辆行驶证、道路运输证及相关标志、标识。

4. 爱护车辆以及随车附件与附属设备，不得处分、转租、抵押、损坏租赁车辆，因使用不当造成租赁汽车损坏的，应当承担相应的损失赔偿责任。

5. 未经出租方许可，不得对车辆进行修理、改装、拆卸、更换零部件、增设他物。

6. 协助出租方在规定期限或约定时间对租赁车辆进行车检和维修保养。

7. 租赁车辆发生交通事故、被盗抢，以及因不可抗力导致车辆损毁的，应立即向公安部门、保险等机构报案，及时通知出租方，并协助出租方办理相关手续。依法承担交通事故以及车辆被盗的相应责任。

8. 遵守交通及其相关法律法规，不得将承租车辆交由没有驾驶执照的人员驾驶，不得有超速、超员、超载、酒驾、疲劳驾驶等违反交通安全的行为。承担因违反交通法规所造成的经济损失及相关责任。

9. 不得利用租赁车辆从事道路客、货运输（租赁的货车除外）经营及出租汽车经营活动。

10. 承租期间，若遗失牌照或有关证件，（承租）方应向有关部门申请补办，补办期间的车辆租赁费及补办手续费，由（承租）方承担，直至车辆能正常行驶时为止。

第六条　意外风险

1. 双方约定的意外风险责任，出租方可向保险公司投保或以其他方式承担。对约定分担的意外风险未投保的，风险损失的计算、赔付，参照机动车辆保险条款及赔付程序进行。

2. 政府政策重大变化、不可抗力以及其他无法归咎于承、租双方的原因造成的损失，依照有关法规和公平原则双方协商解决。

第七条　出租方的违约责任

1. 提供未经年检或检测不合格的租赁车辆，承租方有权解除合同。出租方向承租方支付租金总额的____％的违约金。

2. 逾期交付车辆的，每逾期一日向承租方支付车辆租金的____％的违约金。

3. 不能按约定提供故障维修、救援、车辆替换等服务的，承租方有权解除合同。出租方应退还租赁车辆停驶期间的租金，并支付停驶期间租金的____％的违约金。

第八条　承租方的违约责任

1. 逾期交纳租金的，每逾期一日向出租方支付车辆租金的____％的滞纳金；逾期归还租赁车辆的，按逾期时间由出租方计收租金，并向出租方交纳逾期应交租金的____%的违约金。

2. 无正当理由单方解除合同归还租赁车辆的，应按租金总额的____%向出租方支付违约金。

3. 承租方有下列行为的，出租方有权解除合同并收回租赁车辆；造成损失的，承租方应当承担赔偿责任：

（1）提供虚假证明文件的。

（2）拖欠租金或其他费用超过____日的。

（3）买卖、转让、抵押、质押、出租、转借、典当租赁车辆，涂改《道路运输证》及相关标志、标识的。

4. 承担因不按车辆性能或操作程序使用而造成的租赁车辆修理、停运损失；承担全车丢失后至保险公司赔偿前的停运损失；承担因过失被保险公司拒绝赔偿的损失。修理费依照相关汽车维修规定的标准计算，停运损失按日租金标准计算，不足一日的按照一日计算。

5. 擅自改装、更换、增设他物等改变租赁车辆原状造成的损失。

6. 非出租方原因导致车辆被第三方扣押的责任。

第九条　担保

承租方采用担保人提供担保方式租赁车辆的，担保人应在本合同上签字或盖章，并按合同约定承担相应责任。

第十条　合同争议解决方式

本合同发生争议，各方应协商解决或申请道路运输管理机构或其他行政机关进行调解。协商、调解不成的，按下列第____种方式解决：

1. 向_____仲裁委员会申请仲裁。

2. 向人民法院提起诉讼。

第十一条　其他约定

1. 出租方、承租方对本合同未尽事宜可以签订补充合同，补充合同中含有不合理地减轻或免除本合同条款中规定应由出租方、承租方承担的责任内容的，仍以本合同为准。

2. 承租方如要求延长租期，须在合同到期前提出续租申请，在同等条件下出租方应优先为承租方续租。

3. 本合同经出租方、承租方签字或盖章后生效。若有担保人共同订立合同的，需担保人、出租方、承租方三方签字或盖章后生效。

4. 本合同一式三份，出租方、承租方、道路运输管理机构各持一份。合同约定有担保人的，本合同一式四份，出租方、承租方、道路运输管理机构、担保人各持一份。

出租方（签字或盖章）：＿＿＿＿＿＿＿＿＿＿＿＿＿＿＿＿＿

法定代表人：＿＿＿＿＿＿＿＿＿＿＿＿＿＿＿＿

工商营业执照号：＿＿＿＿＿＿＿＿＿＿＿＿＿＿＿＿

汽车租赁经营许可证号：＿＿＿＿＿＿＿＿＿＿＿＿＿＿＿

地址：＿＿＿＿＿＿＿＿＿＿＿＿＿＿

联系电话：＿＿＿＿＿＿＿＿＿＿＿＿＿＿＿

承租方（签字或盖章）：＿＿＿＿＿＿＿＿＿＿＿＿＿＿＿＿＿

法定代表人：＿＿＿＿＿＿＿＿＿＿＿＿＿＿＿

工商营业执照号：＿＿＿＿＿＿＿＿＿＿＿＿＿＿＿＿

地址：＿＿＿＿＿＿＿＿＿＿＿＿＿＿＿

联系电话：＿＿＿＿＿＿＿＿＿＿＿＿＿＿＿

担保人（签字或盖章）：＿＿＿＿＿＿＿＿＿＿＿＿＿＿＿＿＿

法定代表人：＿＿＿＿＿＿＿＿＿＿＿＿＿＿＿

地址：＿＿＿＿＿＿＿＿＿＿＿＿＿＿＿

联系电话：＿＿＿＿＿＿＿＿＿＿＿＿＿＿＿

签约日期：＿＿＿年＿＿＿月＿＿＿日

签约地点：＿＿＿＿＿＿＿＿＿＿

（5）汽车维修合同

（示范文本）

合同编号：＿＿＿＿＿＿

签约地址：＿＿＿＿＿＿

托修方（甲方）：＿＿＿＿＿＿＿＿＿＿＿＿＿＿＿＿＿＿

住　所　地：＿＿＿＿＿＿＿＿＿＿＿＿＿＿＿＿＿＿＿

联系人：＿＿＿＿　电话：＿＿＿＿　传真：＿＿＿＿　手机：＿＿＿＿

承修方（乙方）：＿＿＿＿＿＿＿＿＿＿＿＿＿＿＿＿＿＿

住　所　地：＿＿＿＿＿＿＿＿＿＿＿＿＿＿＿＿＿＿＿

联系人：＿＿＿＿　电话：＿＿＿＿　传真：＿＿＿＿　手机：＿＿＿＿

根据《中华人民共和国合同法》《中华人民共和国消费者权益保护法》《中华人民共和国道路运输条例》《××省道路运输管理条例》《机动车维修管理规定》等法律法规，甲乙双方在平等、公平、自愿、诚信的基础上，经双方协商就汽车维修事宜达成协议如下：

一、汽车交接

1. 交车日期：合同签订日＿＿＿＿年＿＿月＿＿日

2. 送修方式：□开进　□拖进　□装进　□事故

3. 交车地点：＿＿＿＿＿＿＿＿＿

二、汽车基本信息

汽车所有人：＿＿＿＿　车牌号码：＿＿＿＿　车辆类型：＿＿＿＿

车身颜色：＿＿＿＿　发动机号码：＿＿＿＿　VIN 代码/车架号：＿＿＿＿

注册登记日期：＿＿＿＿　里程表示值：＿＿＿＿

三、维修类别与项目

1. 乙方应对承修车辆进行维修前诊断检验，提出相应的维修方案，确定维修类别。

2. 乙方预定的维修项目、内容，预计的维修费用，应经甲方认可。

3. 维修过程中确需追加作业项目和费用的，应征得甲方认可。

4. 实际维修项目和费用以维修结算清单为准。

四、维修配件与材料

1. 乙方提供的维修配件材料，应符合国家规定，标示配件性质并明码标价，供甲方选择。

2. 经甲方选择认可的维修配件材料，乙方应提供维修材料清单，明确材料名称、规格、型号、产地、类别、数量、提供方式、单价、金额、购买日期。

3. 换下配件处理方式：□甲方自行处理　□委托乙方处理　□属污染环境或系危险废物的，乙方按有关规定统一处理。

五、维修竣工检验及检验质量标准：

1. 检验质量标准：□国家标准　□行业标准　□地方标准　□制造厂维修要求。检验方式为：_____。检验合格，甲方按本合同约定结清费用后接收车辆。

2. 维修竣工质量检验合格后，乙方应向甲方签发统一样式的《机动车维修竣工出厂合格证》。车辆进行二级维护、总成修理、整车修理的，乙方应建立维修档案。

六、维修费用及结算方式

1. 收费标准：□按向所在地县级以上道路运输管理机构备案并公布的工时单价标准执行　□双方约定　工时单价：____元/工时

2. 维修费用计算按照以下方式计算：维修费用＝工时费（工时单价 × 工时定额）＋配件与材料费＋外加工费

3. 预算费用为____元，实际费用以出具的维修结算清单为准。

4. 结算方式：□现金结算　□转账　□支票结算　□其他方式

七、汽车交付

汽车维修竣工预计交付日期为____年____月____日前，因不可抗力原因导致延期除外。汽车维修竣工后，乙方应通知甲方提取车辆，甲方在接到通知后____日到_____验收车辆，结清费用（双方另有约定除外），提取车辆。

八、维修质量保证期

维修质量保证期为_____公里或____日，自竣工出厂之日起算。质量保证期从维修竣工并交付给甲方之日起计算，保证期以行驶里程或日期指标先达到者为准。因维修质量问题返修的，保证期从返修后甲方验收的当日重新起算。本合同约定的质量保证期不得低于有关法规、规章规定的汽车维修竣工出厂质量保证期。

九、合同变更和解除

1. 在车辆维修过程中，双方可对本合同内容进行变更。变更内容需经双方同意，变更事项双方约定按照以下方式确认：□书面　□短信　□传真□电话　□其他

2. 变更的内容与本合同具有同等法律效力，与本合同内容相冲突的，以变更后内容为准。

3. 双方可协商解除合同。

十、违约责任

1. 甲方未按约定支付维修费用的，按未付金额同期银行贷款利率的两倍支付违约金。

2. 甲方超过＿＿＿日迟延提取车辆的，给乙方造成的损失由甲方承担，损失计算标准为＿＿＿元/日×迟延天数。

3. 乙方迟延交车的，向甲方支付迟延履行违约金＿＿＿元/日。

4. 法律法规对违约责任有规定的，按照其规定执行。

十一、争议及纠纷处理

本合同履行过程中产生争议、纠纷的，由甲乙双方协商解决；协商不成的，双方同意按以下方式解决本合同争议：

□向县级以上道路运输管理机构申请调解。

□向＿＿＿＿＿＿＿＿＿＿仲裁委员会申请仲裁。

□向有管辖权的人民法院起诉。

十二、其他

1. 本合同经双方签字或盖章后生效。合同一式两份，双方各执一份。

2. 进厂维修委托书（检验单）、维修结算清单、竣工出厂合格证经甲方签字确认，作为本合同附件，与本合同具有同等法律效力。

3. 甲方或乙方委托代理人签订合同或甲方委托接车的，应出具授权委托书。委托人为单位的，须加盖公章；委托人为自然人的，需本人亲笔签

名，并附身份证明。请在签字前充分了解有关事宜，认真填写以下内容，仔细阅读并认可背书合同条款。

　　托修方（签章）：_____

　　法定代表人：_____

　　委托代理人（签字）：_____

　　联系方式：_____

　　地址：_____

　　签约日期：＿＿年＿＿月＿＿日

　　承修方（签章）：_____

　　法定代表人：_____

　　委托代理人（签字）：_____

　　联系方式：_____

　　地址：_____

　　签约日期：＿＿年＿＿月＿＿日

（6）煤炭买卖合同
（示范文本）

合同编号：＿＿＿＿＿＿

出卖人：＿＿＿＿＿＿   签订地点：＿＿＿＿＿＿＿＿＿

买受人：＿＿＿＿＿   签订时间：＿＿＿年＿＿＿月＿＿＿日

一、收货人名称、发到站、品牌规格、质量、交（提）货时间、数量。

收货人姓名	发站	到站	品种规格	质量	交（提）货时间、数量（吨）												
					全年合计	一季度			二季度			三季度			四季度		
						1	2	3	1	2	3	1	2	3	1	2	3

（注：空格如不够用，可以另接）

二、交（提）货方式：＿＿＿＿＿＿＿＿＿＿＿＿＿＿＿＿＿＿＿＿。

三、质量和数量验收标准及办法：＿＿＿＿＿＿＿＿＿＿＿＿＿。

四、煤炭单价及执行期：＿＿＿＿＿＿＿＿＿＿＿＿＿＿＿＿＿。

五、货款、运费结算方式及结算期限：＿＿＿＿＿＿＿＿＿＿＿。

六、违约责任：＿＿＿＿＿＿＿＿＿＿＿＿＿＿＿＿＿＿＿＿＿。

七、解决合同争议的方式：＿＿＿＿＿＿＿＿＿＿＿＿＿＿＿＿。

八、其他约定事项：＿＿＿＿＿＿＿＿＿＿＿＿＿＿＿＿＿＿＿。

出　卖　人	买　受　人	鉴（公）证意见
出卖人名称（章）：	买受人名称（章）：	
住所：	住所：	
法定代表人（签字）：	法定代表人（签字）：	
委托代理人（签字）：	委托代理人（签字）：	鉴（公）证机关（章）
电话：	电话：	经办人：
传真：	传真：	
电子邮箱：	电子邮箱：	年　月　日
银行账号：	银行账号：	［注：除国家另有规定外，
纳税人登记号：	纳税人登记号：	鉴（公）证实行自愿原则］
邮编：	邮编：	

（7）农副产品买卖合同

（示范文本）

合同编号：_____

出卖人：_____　　　　　签订地点：_____

买受人：_____　　　　　签订时间：___年___月___日

第一条　标的、数量、价格及交（提）货时间

标的名称	品种	产地	商标	计量单位	数量	单价	金额	交（提）货时间及数量						
								合计						
合计人民币金额（大写）：														

（注：空格如不够用，可以另接）

第二条　质量标准：_____

_____。

第三条　包装标准、包装物的供应和回收及费用负担：_____

_____。

第四条　合理损耗标准及计算方法：_____

_____。

第五条　标的物的所有权自_____时起转移，但买受人未履行支付价款义务的，标的物所有权属于_____所有。

第六条　交（提）货方式及地点：_____

_____。

第七条　运输方式和到达站（港）及运输费用负担：_____

_____。

第八条　检验标准、方法、地点及期限：_____

_____。

第九条　检疫单位、方法、地点、标准及费用负担：_____

_____。

第十条　结算方式、时间及地点：_____

_____。

第十一条　担保方式（也可另立担保合同）：_____

_____。

第十二条　本合同解除的条件：_____

_____。

第十三条　违约责任：_____

_____。

　　第十四条　合同争议的解决方式：本合同在履行过程中发生的争议，由双方当事人友好协商解决；也可由当地工商行政管理部门调解；协商或调解不成的，按下列第____种方式解决。

　　（一）提交_____仲裁委员会仲裁；

　　（二）依法向人民法院起诉。

　　第十五条　本合同一式两份，甲乙双方各执一份，自_____起生效。

　　第十六条　其他约定事项：_____。

出　卖　人	买　受　人	鉴（公）证意见
出卖人（签字、章）：	买受人（签字、章）：	
住所：	住所：	
法定代表人（签字）：	法定代表人（签字）：	
委托代理人（签字）：	委托代理人（签字）：	
电话：	电话：	
传真：	传真：	鉴（公）证机关（章）
电子邮箱：	电子邮箱：	经办人：
开户银行：	开户银行：	
账号：	账号：	年　月　日
法定代表人身份证号：	法定代表人身份证号：	

（8）农产品订单（买卖）合同

（参考文本）

买受人（甲方）：＿＿＿＿＿＿　　签订地点：＿＿＿＿＿＿＿＿＿＿＿

出卖人（乙方）：＿＿＿＿＿＿　　签订时间：＿＿＿年＿＿＿月＿＿＿日

　　为适应农业产业结构调整，促进农业和农村经济的发展，提高农民和企业的经济效益，发展"订单农业"，根据《中华人民共和国合同法》，经甲、乙双方协商一致，订立本合同，以便共同遵守。

第一条　订单标的（品种、等级、质量）

序号	产品名称	品种	等级	质量要求

（注：空格如不够用，可以另接）

第二条　标的交售日期、数量及价格

1. 出卖人在＿＿＿＿＿＿年＿＿＿月以前（或＿＿＿月＿＿＿旬内），向买受人交售＿＿＿＿＿＿公斤。

2. 所售农产品最低价格（保护价）＿＿＿＿＿＿元/公斤，市场行情上涨超过＿＿＿％时，由收购单位按市场价格进行收购。

3. 买、卖双方的任何一方如需提前或延期交货与提货，均应事先通知对方，双方另行达成新的协议。

第三条　产品包装

＿＿＿＿＿＿＿＿＿农产品的包装，由买卖双方协商包装办法。

第四条　交货方式、验收、结算方式

1. 送货到＿＿＿＿＿＿＿＿＿收购点，货物由买受人当面验收。

2. 货款由买受人支付给出卖人，现金结算，钱货两清。不得打白条或代扣其他税费。

第五条　违约责任

1. 买受人在合同履行中退货的，应偿付出卖人退货部分货款总值的＿＿＿＿＿＿（5％～25％）的违约金。

2. 买受人无故拒收农产品，应向出卖人偿付被拒收货物总值的＿＿＿＿＿＿（5％～25％）的违约金。

3. 买受人未按合同规定收购农产品，应按少收部分总值的＿＿＿＿＿＿（5％～30％）向出卖人支付违约金。

4. 出卖人交货数量少于合同规定的，应按少交数量价值的＿＿＿＿＿＿（5％～25％）向买受人支付违约金。

5. 出卖人在交售的农产品中掺杂掺假、以次充好，买受人有权拒收，出卖人同时承担＿＿＿＿＿＿（5％～25％）的违约金。

6. 出卖人包装不符合规定的，买受人有权要求出卖人重新包装，损失由出卖人承担。

第六条　不可抗力

1. 买、卖双方的任何一方由于不可抗力的原因不能履行或不能完全履行合同时，应尽快向对方通报，在提供相应证明后，可根据情况部分或全部免予承担违约责任。出卖人如果由于不可抗力造成产品质量不符合合同规定的，不承担违约责任。

2. 农产品因受气候影响早熟或晚熟的，交货期经双方协商，可适当提前或推迟。

第七条　合同的变更与解除

1. 执行议定价格时，遇国家政策进行重大调整，其调价幅度高于或者低于议定价格的15％，买、卖双方中的任何一方可以请求变更合同或解除合同。

2. 买、卖双方的任何一方，请求变更或解除合同时，应及时书面通知对方，未达成协议前，原合同仍然有效。当事人一方收到另一方要求变更和解除合同的建议后，应在十日内作出答复，逾期不答复视为拒绝。

3. 合同期满，买、卖双方可根据对下一年＿＿＿＿＿＿供应的预测，重新签订＿＿＿＿＿＿合同。

第八条　合同争议的解决方式

本合同在履行过程中发生的争议，由双方当事人协商解决；也可由当地工商行政管理部门调解；协商或调解不成的，按下列第＿＿＿种方式解决：

（一）提交＿＿＿＿＿＿＿＿＿＿仲裁委员会仲裁；

（二）依法向＿＿＿＿＿＿＿＿＿人民法院起诉。

第九条　本合同自＿＿＿年＿＿＿月＿＿＿日起生效。

第十条　其他约定事项

_____

第十一条　本合同一式三份，双方各执一份，交＿＿＿＿＿＿＿机关备案一份。

买受人（甲方）：_____

负责人：_____

住所：_____

联系电话：_____

出卖人（乙方）：_____

居民身份证号码：_____

住所：_____乡_____村_____组

联系电话：_____

备案机关：_____　经办人：_____　_____年___月___日

（9）粮食买卖合同

（示范文本）

合同编号：_____

出卖人：_____　　　　　签订地点：_____

买受人：_____　　　　　签订时间：___年___月___日

第一条　粮食品种、数量、价款、交（提）货时间

品种	产地	商标或品牌	等级	计量单位	数量	单价	金额	交（提）货时间

（注：空格如不够用，可以另接）

第二条　质量标准、用途：_____

_____。

第三条　包装标准、包装物供应和回收及费用负担：_____

_____。

第四条　损耗标准和计算方法：_____

_____。

第五条　交（提）货方式、地点：_____

_____。

第六条　运输方式和到达站（港）及费用负担：_____

_____。

第七条　检验标准、方法、时间、地点：_____

_____。

第八条　结算方式及期限：_____。

第九条 担保方式（也可另立担保合同）：_____

_____。

第十条 本合同解除的条件：_____

_____。

第十一条 违约责任：_____

_____

_____。

第十二条 合同争议的解决方式：本合同在履行过程中发生的争议，由双方当事人协商解决；协商或调解不成的，按下列第_____种方式解决。

（一）提交_____仲裁委员会仲裁；

（二）依法向人民法院起诉。

第十三条 本合同自_____生效。

第十四条 其他约定事项：_____

_____。

出　卖　人	买　受　人	鉴（公）证意见
出卖人名称（章）：	买受人名称（章）：	
住所：	住所：	
法定代表人（签字）：	法定代表人（签字）：	
委托代理人（签字）：	委托代理人（签字）：	
电话：	电话：	鉴（公）证机关（章）
传真：	传真：	经办人
电子邮箱：	电子邮箱：	
开户银行：	开户银行：	年　月　日
账号：	账号：	
邮编：	邮编：	

（10）商品房买卖合同

（示范文本）

合同编号：＿＿＿＿＿＿

合同双方当事人：

出卖人：＿＿＿＿＿＿＿＿＿＿＿＿＿＿＿＿＿＿＿＿＿＿＿＿

注册地址：＿＿＿＿＿＿＿＿＿＿＿＿＿＿＿＿＿＿＿＿＿＿＿

营业执照注册号：＿＿＿＿＿＿＿＿＿＿＿＿＿＿＿＿＿＿＿＿

企业资质证书号：＿＿＿＿＿＿＿＿＿＿＿＿＿＿＿＿＿＿＿＿

法定代表人：＿＿＿＿＿＿＿＿＿＿＿　联系电话：＿＿＿＿＿

邮编：＿＿＿＿＿＿＿＿＿＿＿　传真（网址或电子邮箱）：＿＿

委托代理人：＿＿＿＿＿＿＿＿＿＿＿　地址：＿＿＿＿＿＿＿

邮编：＿＿＿＿＿＿＿＿＿＿＿　联系电话：＿＿＿＿＿＿＿＿

传真（网址或电子邮箱）：＿＿＿＿＿＿＿＿＿＿＿＿＿

委托代理机构：＿＿＿＿＿＿＿＿＿＿＿＿＿＿＿＿＿＿＿＿＿

注册地址：＿＿＿＿＿＿＿＿＿＿＿＿＿＿＿＿＿＿＿＿＿＿＿

营业执照注册号：＿＿＿＿＿＿＿＿＿＿＿＿＿＿＿＿＿＿＿＿

法定代表人：＿＿＿＿＿＿＿＿＿＿＿　联系电话：＿＿＿＿＿

邮编：＿＿＿＿＿＿＿＿＿＿＿　传真（网址或电子邮箱）：＿＿

买受人：＿＿＿＿＿＿＿＿＿＿＿＿＿＿＿＿＿＿＿＿＿＿＿

□本人　□法定代表人　姓名：＿＿＿＿＿　国籍：＿＿＿＿

□身份证　□护照　□营业执照注册号：＿＿＿＿＿＿＿＿＿

地址：＿＿＿＿＿＿＿＿＿＿＿＿＿＿＿＿＿＿＿＿＿＿＿＿＿

邮编：＿＿＿＿＿　联系电话：＿＿＿＿　传真（网址或电子邮箱）：＿

□委托代理人　姓名：＿＿＿＿＿　国籍：＿＿＿＿

地址：＿＿＿＿＿＿＿＿＿＿＿＿＿＿＿＿＿＿＿＿＿＿＿＿＿

邮编：＿＿＿＿＿　联系电话：＿＿＿＿　传真（网址或电子邮箱）：＿

根据《中华人民共和国合同法》《中华人民共和国城市房地产管理法》

及其他有关法律、法规之规定，买受人和出卖人在平等、自愿、协商一致的基础上就买卖商品房达成如下协议：

第一条　项目建设依据

出卖人以_____方式取得位于_____，编号为_____的地块的建设用地使用权。□土地使用权出让合同号/□土地使用权划拨批准文件号/□划拨土地使用权转让批准文件号为_____。

该地块土地面积为_____，规划用途为_____，土地使用年限自____年____月____日至____年____月____日。

出卖人经批准，在上述地块上建设商品房，□现定名/□暂定名为_____。建设工程规划许可证号为_____，施工许可证号为_____。

第二条　商品房销售的依据

买受人购买的商品房为□现房/□预售商品房。预售商品房批准机关为_____，商品房预售许可证号为_____。

第三条　买受人所购商品房的基本情况

买受人购买的商品房（以下简称该商品房，其房屋平面图见本合同附件一），为本合同第一条规定的项目中的第____□幢/□座____□单元/□屋_____号房。

该商品房的用途为_____，属_____结构，屋高为_____。建筑层数地上____层，地下____层。

该商品房阳台是□封闭式/□非封闭。

该商品房□合同约定/□产权登记建筑面积共_____平方米。其中套内建筑面积_____平方米，公共部位与公用房屋分摊建筑面积_____平方米（有关公共部位与公用房屋，分摊建筑面积构成说明见附件二）。

第四条　计价方式与价款

出卖人与买受人约定按下述第____种方式，计算该商品房价款（货币单位为人民币）：

1. 按建筑面积计算，该商品房单价为每平方米_____元，总金额（____币）____仟____佰____拾____万____仟____佰____拾____元整。

2. 按套内建筑面积计算，该商品房单价为每平方米_____元，总金额（____币）____仟____佰____拾____万____仟____佰____拾____元整。

　　3.按套（单元）计算，该商品房总价款为（____币）____仟____佰____拾____万____仟____佰____拾____元整。

　　4._____

第五条　面积确认及面积差异处理

　　根据当事人选择的计价方式，本条规定以建筑面积、套内建筑面积（本条款中均简称面积）为依据，进行面积确认以及面积差异处理。

　　当事人选择按套计价的，不适用本条约定。

　　合同约定面积与产权登记面积有差异的，以产权登记面积为准。

　　商品房交付后，产权登记面积与合同约定面积发生差异，双方同意按以下第____种方式进行处理：

　　1.双方自行约定：

　　（1）_____

　　（2）_____

　　（3）_____

　　2.双方同意按以下原则处理：

　　（1）面积误差比绝对值在3％以内（含3％）的，据实结算房价款。

　　（2）面积误差比绝对值超出3％时，买受人有权退房。

　　买受人退房的，出卖人在买受人提出退房之日起30天内将买受人已付款退还给买受人，并按_____利率付给利息。

　　买受人不退房的，产权登记面积大于合同约定面积时，面积误差比在3％以内（含3％）部分的房价款由买受人补足；超出3％部分的房价款由出卖人承担，产权归买受人。产权登记面积小于合同登记面积时，面积误差比绝对值在3％以内（含3％）部分的房价款由出卖人返还买受人；绝对值超出3％部分的房价款由出卖人双倍返还买受人。

$$面积误差比 = \frac{产权登记面积 - 合同约定面积}{合同约定面积} \times 100\%$$

　　因设计变更造成面积差异，双方不解除合同的，应当签署补充协议。

第六条　付款方式及期限

　　买受人按下列第____种方式按期付款：

1. 一次性付款＿＿＿＿＿＿＿＿＿＿＿＿＿＿＿＿＿＿＿＿＿＿

2. 分期付款＿＿＿＿＿＿＿＿＿＿＿＿＿＿＿＿＿＿＿＿＿＿＿

3. 其他方式＿＿＿＿＿＿＿＿＿＿＿＿＿＿＿＿＿＿＿＿＿＿＿

第七条　买受人逾期付款的违约责任

买受人如未按本合同规定的时间付款，按下列第＿＿种方式处理：

1. 按逾期时间，分别处理（不作累加）。

①逾期在＿＿日之内，自本合同规定的应付款期限之第二天起至实际全额支付应付款之日止，买受人按日向出卖人支付逾期应付款万分之＿＿＿＿＿的违约金，合同继续履行。

②逾期超过＿＿日后，出卖人有权解除合同。出卖人解除合同的，买受人按累计应付款的＿＿＿％向出卖人支付违约金。出卖人愿意继续履行合同的，合同继续履行，自本合同规定的应付款期限之第二天起至实际全额支付应付款之日止，买受人按日向出卖人支付逾期应付款万分之＿＿＿＿＿（该比率应不小于第①项中的比率）的违约金。

本条中的逾期应付款指依照本合同第七条规定的到期应付款与该期实际已付款的差额；采取分期付款的，按相应的分期应付款与该期的实际已付款的差额确定。

2.＿＿＿＿＿＿＿＿＿＿＿＿＿＿＿＿＿＿＿＿＿＿＿＿＿＿＿

第八条　交付期限及条件

出卖人应当在＿＿＿年＿＿＿月＿＿＿日前，依照国家和地方人民政府的有关规定，将具备下列第＿＿＿种条件，并符合本合同约定的商品房交付买受人使用：

1. 该商品房经验收合格。

2. 该商品房经综合验收合格。

3. 该商品房经分期综合验收合格。

4. 该商品房取得商品住宅交付使用批准文件。

5.＿＿＿＿＿＿＿＿＿＿＿＿＿＿＿＿＿＿＿＿＿＿＿＿＿＿＿

但如遇到下列特殊原因，除双方协商同意解除合同或变更合同外，出卖人可据实予以延期：

1. 遭遇不可抗力，且出卖人在发生之日起＿＿＿日内告知买受人的。

2. _____

3. _____

第九条　出卖人逾期交房的违约责任

除本合同第八条规定的特殊情况以外，出卖人如未按本合同规定的期限将该商品房交付买受人使用，按下列第____种方式处理：

1. 按逾期时间，分别处理（不作累加）。

①逾期不超过____日，自本合同第八条规定的最后期限的第二天起至实际交付之日止，出卖人按日向买受人支付已交付房价款万分之_____的违约金，合同继续履行；

②逾期超过____日后，买受人有权解除合同。买受人解除合同的，出卖人应当自买受人解除合同通知到达之日起____日内退还全部已付购房款，并按买受人累计已付购房款的____％向买受人支付违约金。买受人要求继续履行合同的，合同继续履行，自本合同第八条规定的最后交付期限的第二天起至实际交付之日止，出卖人按日向买受人支付已交付房价款万分之_____（该比率应不小于第①项中的比率）的违约金。

2. _____

第十条　规划、设计变更的约定

经规划部门批准的规划变更、设计单位同意的设计变更，导致下列影响到买受人所购商品房质量或使用功能的，出卖人应当在有关部门批准同意之日起 10 日内，书面通知买受人：

1. 该商品房结构形式、户型、空间尺寸、朝向。

2. _____

3. _____

买受人有权在通知到达之日起 15 日内作出是否退房的书面答复。买受人在通知到达之日起 15 日内未作出书面答复的，视为接受变更。出卖人未在规定时限内通知买受人的，买受人有权退房。

买受人退房的，出卖人须在买受人提出退房要求之日起____日内将买受人已付款还给买受人，并按____利率付给利息；买受人不退房的，应当与出卖人另行签订补充协议。

第十一条　交接

商品房达到交付使用条件后，出卖人应当书面通知买受人办理交付手续。双方进行验收交接时，出卖人应当出示本合同第八条规定的证明文件，并签署房屋交接单。所购商品房为住宅的，出卖人还需提供《住宅质量保证书》和《住宅使用说明书》。出卖人不出示证明文件或出示证明文件不齐全，买受人有权拒绝交接，由此产生的延期交房责任由出卖人承担。

由于买受人原因，未能按期交付的，双方同意按以下方式处理：

_____

第十二条　出卖人保证销售的商品房没有产权纠纷和债权债务纠纷。因出卖人原因，造成该商品房不能办理产权登记或发生债权债务纠纷的，由出卖人承担全部责任。

_____

第十三条　出卖人关于装饰、设备标准承诺的违约责任

出卖人交付使用的商品房的装饰、设备标准应符合双方约定（附件三）的标准。达不到约定标准的，买受人有权要求出卖人按照下述第____种方式处理：

1. 出卖人赔偿双倍的装饰、设备差价。

2. _____。

第十四条　出卖人关于基础设施、公共配套建筑正常运行的承诺

出卖人承诺与该商品房正常使用直接关联的下列基础设施、公共配套建筑按以下日期达到使用条件：

1. _____

2. _____

如果在规定日期内未达到使用条件，双方同意按以下方式处理：

1. _____

2. _____

第十五条　关于产权登记的约定

出卖人应当在商品房交付使用后____日内，将办理权属登记需由出卖人提供的资料报产权登记机关备案，如因出卖人的责任，买受人不能在规定期限内取得房地产权属证书的，双方同意按下列第____项处理：

1. 买受人退房，出卖人在买受人提出退房要求之日起_____日内将买受人已付房价款退还给买受人，并按已付房价款的____%赔偿买受人损失。

2. 买受人不退房，出卖人按已付房价款的____%向买受人交付违约金。

3. _____

第十六条　保修责任

买受人购买的商品房为住宅的，《住宅质量保证书》作为本合同的附件。出卖人自商品住宅交付使用之日起，按照《住宅质量保修保证书》承诺的内容，承担相应的保修责任。

买受人购买的商品房为非商品住宅的，双方应当以合同附件的形式详细约定保修范围、保修期限和保修责任等内容。

在商品房保修范围和保修期限内发生质量问题，出卖人应当履行保修义务。因不可抗力或者非出卖人原因造成的损坏，出卖人不承担责任，但可协助维修，维修费用由买受人承担。

第十七条　双方可以就下列事项约定

1. 该商品房所在楼宇的屋面使用权_____；

2. 该商品房所在楼宇的外墙面使用权_____；

3. 该商品房所在楼宇的命名权_____；

4. 该商品房所在小区的命名权_____；

5. _____。

第十八条　买受人的房屋仅作　　　　　　使用，买受人使用期间不得擅自改变该商品房的建筑主体结构、承重结构和用途。除本合同及其附件另有规定者外，买受人在使用期间有权与其他权利人共同享用与该商品房有关联的公共部位和设施，并按占地和公共部位与公用房屋分摊面积承担义务。

出卖人不得擅自改变与该商品房有关联的公共部位和设施的使用性质。

第十九条　本合同在履行过程中发生的争议，由双方当事人协商解决；协商不成的，按下述第____种方式解决：

1. 提交_____仲裁委员会仲裁。

2. 依法向人民法院起诉。

第二十条　本合同未尽事项，可由双方约定后签订补充协议（附件四）。

第二十一条　本合同附件与本合同具有同等法律效力。本合同及其附件内，空格部分填写的文字与印刷文字具有同等效力。

第二十二条　本合同连同附件共＿＿＿页，一式 ＿＿＿ 份，具有同等法律效力，合同持有情况如下：

出卖人＿＿＿份，买受人＿＿＿份。

第二十三条　本合同自双方签订之日起生效。

第二十四条　商品房预售的，自本合同签订之日起 30 天内，由出卖人向＿＿＿＿＿＿＿＿＿＿＿＿＿＿＿＿＿＿＿＿申请登记备案。

出卖人（签章）：　　　　　　　　　买受人（签章）：

法定代表人（签章）：　　　　　　　法定代表人（签章）：

委托代理人（签章）：　　　　　　　委托代理人（签章）：

＿＿＿年＿＿＿月＿＿＿日　　　　　　＿＿＿年＿＿＿月＿＿＿日

签于＿＿＿＿＿＿　　　　　　　　　签于＿＿＿＿＿＿

附件一：房屋平面图

附件二：公共部位与公用房屋分摊建筑面积构成说明

附件三：装饰、设备标准：

　　　　1. 外墙；2. 内墙；3. 顶棚；4. 地面；5. 门窗；

　　　　6. 厨房；7. 卫生间；8. 阳台；9. 电梯；10. 其他

附件四：合同补充协议

（11）室内装修合同

（示范文本）

合同编号：_____

甲方（委托方）：_____　　　签约时间：____年____月____日

乙方（施工方）：_____　　　签约地点：_____

根据《中华人民共和国合同法》《中华人民共和国消费者权益保护法》以及其他有关法律、法规规定的原则，结合本装修工程的具体情况，双方达成如下协议。

一、工程概况

1. 甲乙双方的条件：装饰

甲方装修住房系合法居住。乙方须为经国家行政主管部门核准登记，具有装修资质证书的合法主体。

2. 装饰施工地点：_____区_____路（小区）____幢号（单元）____室。

3. 住户结构：____室____厅____结构，建筑面积_____平方米。

4. 装饰施工内容：_____。

5. 承包方式：□包工包料　□包清工　□部分承包

6. 本工程由_____设计。

7. 工期：工程期限____天，从____年____月____日开工，至____年____月____日竣工。

二、工程价款及结算方式

1. 总价款：（大写）_____元，其中设计费____元，人工费____元，施工清运费____元，搬卸费____元，管理费____元，材料费____元，其他费用（注明内容）____元。经双方认可变更施工内容的，变更部分的工程价款另计。

2. 合同签订____日内，甲方支付总价款的____%，计____元。工期至木工全部收口油漆工进场前，甲方支付总价款的____%，计____元。工程竣工验收合格后____日内，甲方支付总价款的____％，计____元。

三、施工准备及双方的义务

（一）甲方工作

1. 甲方在开工前，应向物业管理单位或产权单位登记备案；确需改变房屋结构和使用性质的，应当请具备相应资质的单位出具鉴定和加固方案，经房产管理部门核准后，领取住宅装修许可单。

2. 甲方应在开工前____天，向乙方进行现场交底，腾空房屋，清除影响施工的障碍物，对只能部分腾空的房屋中所滞留的家具、陈设等采取保护措施。向乙方提供施工需要的水、电，并说明使用注意事项。

3. 做好施工中临时性使用公用部位操作以及产生影响邻里关系等行为的协调工作。

4. 指派_____为甲方代表，负责合同履行，对工程质量、进度进行监理、验收、变更、登记手续和其他事项。

（二）乙方工作

1. 对甲方进行施工图纸或做法说明的现场交底，拟订方案和进度计划，交甲方审定。

2. 指派_____为乙方代表，负责合同履行。按要求组织施工，保质、保量、按期完成施工任务，解决由乙方负责的各项事宜。

3. 未经甲方同意和所在地房产管理部门批准，不得随意改变房屋结构和使用性质。

4. 与所在地物业管理单位签订《住宅室内装饰装修管理服务协议》。

5. 严格执行有关施工现场管理的规定，不得扰民及污染环境。

四、材料的供应

1. 甲方提供的材料：本工程甲方负责采购供应的材料、设备，应为符合设计要求的合格产品，必须符合国家标准，有质量环保检验合格证明和有中文标识的产品名称、规格、型号、生产厂家厂名、厂址等，不得用国家明令淘汰的建筑装饰装修材料和设备。并应按时供应到现场，乙方应办理验收手续。如甲方供应的材料、设备发生质量问题或规格差异或无法提供有关证明的，乙方应及时向甲方书面提出，甲方仍表示使用的，经书面认可，可继续使用，由此造成工程损失的，责任由甲方承担。

2. 乙方提供的材料：乙方提供的材料，必须符合国家标准，有质量环保检验合格证明和有中文标识的产品名称、规格、型号、生产厂家厂名、厂址等，不得用国家明令淘汰的建筑装饰装修材料和设备，并应得到甲方认可。用于本合同规定的住宅装饰，非经甲方同意，不得挪作他用。如乙方提供的材料系伪劣商品的，应按提供材料价款的双倍补偿给甲方。

乙方提供的材料、设备，如不符合质量环保要求或规格有差异，应禁止使用，如已使用，对工程造成的损失由乙方负责。

五、安全生产

甲方提供的施工图纸或做法说明及施工场地应符合防火、防事故的要求，主要包括电气、通信线路、煤气管道、自来水和其他管道畅通、合格。乙方在施工中应采取必要的安全防护和消防措施，保障作业人员及相邻居民的安全，防止造成相邻居民住房的管道堵塞以及渗漏水、停电、物品损坏等事故的发生。装修过程中形成的各种固体、可燃液体等废物，应当按规定的位置、方式和时间堆放与清运。如上述情况发生，属甲方责任的，甲方负责赔偿；属乙方责任的，乙方负责修复和赔偿。

乙方在施工期间应加强安全生产，文明施工。凡发生工伤及死亡事故均由乙方自行负责。

六、施工内容和工期的变更

在施工过程中，甲方提出设计修改意见及增减工程项目时须提前与乙方联系，在签订《工程项目变更单》后，方能进行该项目的施工，由此造成费用增减或工期改变的，由甲乙双方商定。凡甲方私自与工人商定更改施工内容所引起的一切后果，甲方自负，给乙方造成损失的，甲方应予赔偿。

七、工程质量及竣工验收的办法

1. 本工程以施工图纸、做法说明、设计变更和《住宅装饰装修工程施工质量行业规范》为质量评定验收标准。

2. 装饰装修工程竣工后，工程质量和环保要求应当符合国家有关标准。

3. 由于甲方原因造成的工程质量问题，其返工费用由甲方承担，工期顺延。

4. 由于乙方原因造成质量事故，其返工费用由乙方承担，工期不变。

5. 乙方应及时通知甲方办理隐蔽工程和中间工程的检查与验收手续，

甲方不能按预约规定日期参与验收，由乙方组织人员进行验收，甲方应予书面承认。

6. 工程竣工后，乙方应及时通知甲方验收，甲方自接到验收通知七日内进行验收。

八、违约责任

本合同签订生效后，甲乙双方应履行合同所规定的各项条款（包括经双方确认的合同附件、预算及图纸等），不得擅自变更或解除，否则违约方将付给对方工程预算总造价的____%的违约金，并承担因此造成的其他经济损失。

九、本合同正本一式两份，副本____份，送物业、受委托人、公证或鉴证单位及有关部门各备一份。

十、本合同甲乙双方签字盖章生效。

十一、双方中途签订与本合同有关的协商一致的补充协议和附件均具有同等的法律效力。

十二、合同争议的解决方式：本合同在履行过程中发生的争议，由双方当事人协商解决，协商不成的，按下列第____种方式解决。

1. 提交_____仲裁委员会仲裁。

2. 依法向人民法院起诉。

十三、其他约定事项：_____
_____。

甲方	乙方	鉴（公）证意见：
名称（章）：	名称（章）：	
住所：	住所：	
法定代表人（签字）：	法定代表人（签字）：	
身份证号码：	身份证号码：	鉴（公）证机关（章）
委托代理人（签字）：	委托代理人（签字）：	经办人：
电话：	电话：	
传真：	传真：	年　月　日
电子邮箱：	电子邮箱：	
开户银行：	开户银行：	
账号：	账号：	
邮编：	邮编：	

（12）建筑安装工程承包合同
（参考文本）

合同编号：＿＿＿＿＿＿＿

工程名称：＿＿＿＿＿＿＿＿＿＿＿＿＿＿＿＿＿＿＿＿＿＿＿＿＿

工程编号：＿＿＿＿＿＿＿＿＿＿＿＿＿＿＿＿＿＿＿＿＿＿＿＿＿

发包方：＿＿＿＿＿＿＿＿＿＿＿＿＿＿＿＿＿＿＿＿＿＿＿＿＿＿＿

承包方：＿＿＿＿＿＿＿＿＿＿＿＿＿＿＿＿＿＿＿＿＿＿＿＿＿＿＿

签订时间：＿＿＿＿＿＿＿＿＿＿＿＿＿＿＿＿＿＿＿＿＿＿＿＿＿

签订地点：＿＿＿＿＿＿＿＿＿＿＿＿＿＿＿＿＿＿＿＿＿＿＿＿＿

根据《中华人民共和国合同法》和《中华人民共和国建筑法》及有关规定，为明确双方在施工过程中的权利、义务和经济责任，经双方协商同意签订本合同。

第一条　工程项目

一、工程名称：＿＿＿＿＿＿＿＿＿＿＿＿＿＿＿＿＿＿＿＿＿＿＿＿＿。

二、工程地点：＿＿＿＿＿＿＿＿＿＿＿＿＿＿＿＿＿＿＿＿＿＿＿＿＿。

三、工程项目批准单位：＿＿＿＿＿＿＿＿＿＿＿＿＿＿＿＿＿＿＿＿。

批准文号：＿＿＿＿＿＿＿＿＿＿＿＿＿＿＿＿。（指此工程立项有权批准机关的文号）

项目主管单位：＿＿＿＿＿＿＿＿＿＿＿＿＿＿＿＿＿＿＿＿＿＿＿。

四、承包范围和内容：＿＿＿＿＿＿＿（详见附件一：工程项目一览表）；工程建筑面积＿＿＿＿＿＿（平方米）；其他＿＿＿＿＿＿＿＿＿＿＿＿＿＿＿＿＿。

五、工程造价＿＿＿＿＿＿万元，其中土建＿＿＿＿＿＿万元，安装＿＿＿＿＿＿万元。

第二条　负责事项

一、发包方

1. ＿＿＿月＿＿＿日前做好建筑红线以外的"三通"，负责红线外进场道路的维修。

2. ____月____日前，负责接通施工现场总的施工用水源、电源、变压器（包括水表、配电板），应满足施工用水、用电量的需要。做好红线以内场地平整，拆迁障碍物。

3. 本合同签订后____天内提交建筑许可证。

4. 合同签订后____天内（以收签最后一张图纸为准）提供完整的建筑安装施工图____份，施工技术资料（包括地质及水准点坐标控制点）____份。

5. 组织承、发包双方和设计单位及有关部门参加施工图交底会审，并做好三方签署的交底会审纪要，在____天内分送有关单位，____天内提供会审纪要和修改施工图____份。

二、承包方

1. 负责施工区域的临时道路、临时设施、水电管线的铺设、管理、使用和维修工作。

2. 组织施工管理人员和材料、施工机械进场。

3. 编制施工组织设计或施工方案、施工预算、施工总进度计划，材料设备成品、半成品等进场计划（包括月计划），用水、用电计划，送发包方。

第三条　工程期限

一、根据国家工期定额和使用需要，商定工程总工期为____天（日历天），自____年____月____日开工至____年____月____日竣工验收（附各单位工程开竣工日期，见附件一）。

二、开工前____天，承包方向发包方发出开工通知书。

三、如遇下列情况，经发包方现场代表签证后，工期相应顺延：

1. 按施工准备规定，不能提供施工场地、水、电源，道路未能接通，障碍物未能清除，影响进场施工；

2. 凡发包方负责供应的材料、设备成品或半成品未能保证施工需要或因交验时发现缺陷需要修、配、代、换而影响进度；

3. 不属包干系数范围内的重大设计变更，提供的工程地质资料不准，致使设计方案改变或由于施工无法进行的原因而影响进度；

4. 在施工中如因停电、停水8小时以上或连续间歇性停水、停电3天以上（每次连续4小时以上），影响正常施工；

5. 非承包方原因而监理签证不及时，影响下一道工序施工；

6. 未按合同规定拨付预付款、工程进度款或代购材料差价款而影响施工；

7. 人力不可抗拒的因素导致延误工期。

第四条　工程质量

一、本工程质量经双方研究要求达到：＿＿＿＿＿＿＿＿＿＿＿＿

＿＿＿＿＿＿＿＿＿＿＿＿＿＿＿＿＿＿＿＿＿＿＿＿＿＿＿＿。

二、承包方必须严格按照施工图纸、说明文件，以及国家颁发的建筑工程规范、规程和标准进行施工，并接受发包方派驻代表的监督。

三、承包方在施工过程中必须遵守下列规定：

1. 由承包方提供的主要原材料、设备、构配件、半成品必须按有关规定提供质量合格证，或进行检验合格后方可用于工程；

2. 由发包方提供的主要原材料、设备、构配件、半成品也必须有质量合格证方可用于工程。对材料改变或代用必须经原设计单位同意并发正式书面通知和发包方派驻代表签证后，方可用于工程；

3. 隐蔽工程必须经发包方派驻代表检查、验收签章后，方可进行下一道工序；

4. 承包方应按质量验评标准对单位工程质量进行评定，并及时将单位工程质量评定结果送发包方和质量监督站。单位工程结构完工时，应会同发包方、质量监督站进行结构中间验收；

5. 承包方在施工中发生质量事故，应及时报告发包方派驻代表和当地建筑工程质量监督站。一般质量事故的处理结果应送发包方和质量监督站备案；重大质量事故的处理方案，应经设计单位、质量监督站、发包方等单位共同研究，并经设计建设单位签证后实施；

第五条　建筑材料、设备的供应、验收和差价处理

一、由发包方供应以下材料、设备（详见附件二）；

二、除发包方供应以外的其他材料、设备由承包方采购；

三、发包方供应、承包方采购的材料、设备，必须附有产品合格证才能用于工程，任何一方认为对方提供的材料需要复验的，应允许复验。经复验符合质量要求的，方可用于工程，其复验费由要求复验方承担；不符合质量要求的，应按有关规定处理，其复验费由提供材料、设备方承担。

四、本工程材料和设备差价的处理办法：＿＿＿＿＿＿＿＿＿＿＿＿

＿＿＿＿＿＿＿＿＿＿＿＿＿＿＿＿＿＿＿＿＿＿＿＿＿＿＿＿＿＿。

第六条　工程价款的支付与结算

工程价款的支付和结算，应根据中国人民建设银行制定的"基本建设工程价款结算办法"执行。

一、本合同签订后＿＿＿日内，发包方支付不少于合同总价（或当年投资额）的＿＿＿％的备料款，计人民币＿＿＿＿＿＿万元；临时设施费，按土建工程合同总造价的＿＿＿％，计人民币＿＿＿＿＿＿万元，安装工程按人工费的＿＿＿％，计人民币＿＿＿＿＿＿万元；材料设备差价＿＿＿＿＿＿万元，分＿＿＿次支付，每次支付时间、金额＿＿＿＿＿＿。

二、发包方收到承包方的工程进度月报后必须在＿＿＿日内按核实的工程进度支付进度款，工程进度款支付达到合同总价的＿＿＿％时，按规定比例逐步开始扣回备料款。

三、工程价款支付达到合同总价款的95％时，不再按进度付款，办完交工验收后，待保修期满连本息（财政拨款不计息）一次性支付给承包方。

四、如发包方拖欠工程进度款或尾款，应向承包方支付拖欠金额日万分之＿＿＿＿＿＿的违约金。

五、确因发包方拖欠工程款、代购材料价差款而影响工程进度，造成承包方的停、窝工损失的，应由发包方承担。

六、本合同造价结算方式：＿＿＿＿＿＿＿＿＿＿＿＿＿＿＿＿＿＿。

七、承包方在单项工程竣工验收后＿＿＿天内，将竣工结算文件送交发包方和经办银行审查，发包方在接到结算文件＿＿＿天内审查完毕，如到期未提出书面异议，承包方可请求经办银行审定后拨款。

第七条　施工与设计变更

一、发包方交付的设计图纸、说明和有关技术资料，作为施工的有效依据，开工前由发包方组织设计交底和三方会审作出会审纪要，作为施工的补充依据，承、发包双方均不得擅自修改。

二、施工中如发现设计有错误或严重不合理的地方，承包方应及时以书面形式通知发包方，由发包方及时会同设计等有关单位研究确定修改意见或变更设计文件，承包方按修改或变更的设计文件进行施工。若发生增加费用

（包括返工损失，停工、窝工费用，人员费用，以及机械设备调迁、材料构配件积压造成的实际损失），由发包方负责，并调整合同造价。

三、承包方在保证工程质量和不降低设计标准的前提下，提出修改设计、修改工艺的合理化建议，经发包方、设计单位或有关技术部门同意后采取实施，其节约的价值按国家规定分配。

四、发包方如需设计变更，必须由原设计单位作出正式修改通知书和修改图纸，承包方才予实施。重大修改或增加造价时，必须另行协商，在取得投资落实证明，技术资料设计图纸齐全时，承包方才予实施。

第八条　工程验收

一、竣工工程验收，以国家颁发的《关于基本建设项目竣工验收暂行规定》《工程施工及验收规范》《建筑安装工程质量检验评定标准》和国务院有关部门制定的竣工验收规定，以及施工图纸、说明书、施工技术文件为依据。

二、工程施工中地下工程、结构工程必须具有隐蔽验收签证和试压、试水、抗渗等记录。工程竣工质量经当地质量监督部门检验合格后，发包方须及时办理验收签证手续。

三、工程竣工验收后，发包方方可使用。

第九条　质量保修

一、承包方应按《中华人民共和国建筑法》《建设工程质量管理条例》和建设部《房屋建筑工程质量保修办法》的有关规定，对交付发包方使用的工程在质量保修期内承担质量保修责任。

二、承包方应在工程竣工验收之前，与发包方签订质量保修书，作为本合同附件（见附件三）。

三、质量保修书的主要内容包括：

1. 质量保修项目内容及范围；

2. 质量保修期（质量保修期自工程竣工验收合格之日起计算）；

3. 质量保修责任＿＿＿＿＿＿＿＿＿＿＿＿＿＿＿＿＿＿＿＿＿＿＿＿＿；

4. 保修费用＿＿＿＿＿＿＿＿＿＿＿＿＿＿＿＿＿＿＿＿＿＿＿＿＿＿＿。

第十条　违约责任

一、承包方的责任

1. 工程质量不符合合同规定的，负责无偿修理或返工。由于修理或返工造成逾期交付的，按_____标准偿付逾期违约金。

2. 工程不能按合同规定的工期交付使用的，按_____标准偿付逾期罚款。

二、发包方的责任

1. 未能按照合同的规定履行自己应负的责任，除竣工日期得以顺延外，还应赔偿承包方由此造成的实际损失。

2. 工程中途停建、缓建或由于设计变更以及设计错误造成的返工，应采取措施弥补或减少损失。同时，赔偿承包方由此造成的停工、窝工、返工、倒运、人员和机械设备调迁、材料和构件积压的实际损失。

3. 工程未经验收，发包方提前使用或擅自动用，由此而发生的质量或其他问题，由发包方承担责任。

4. 承包方验收通知书送达____日后不进行验收的，按规定偿付逾期违约金。

5. 不按合同规定拨付工程款，按银行有关逾期付款办法的规定延付金额每日万分之三偿付承包方赔偿金。

第十一条　合同争议的解决方式

本合同在履行过程中发生的争议，由当事人双方协商解决。协商不成的，按下列第____种方式解决：

1. 提交_____仲裁委员会仲裁；

2. 依法向人民法院起诉。

第十二条　附则

一、本合同一式____份，合同附件____份。甲乙双方各执正本一份，其余副本由发包方报送经办银行、当地工商行政管理机关、建设主管部门备案。按规定必须办理鉴（公）证的合同，送建筑物所在地工商、公证部门办理鉴（公）证。

二、本合同自双方代表签字，加盖双方公章或合同专用章即生效，需办理鉴（公）证的，自办毕鉴（公）证之日起生效；工程竣工验收符合要求，结清工程款后终止。

三、本合同签订后，承、发包双方如需要提出修改时，经双方协商一致后，可以签订补充协议，作为本合同的补充合同。

发包方（盖章）：	承包方（盖章）：
法定代表人（签章）：	法定代表人（签章）：
委托代理人（签章）：	委托代理人（签章）：
单位地址：	单位地址：
开户银行：	开户银行：
账号：	账号：
电话：	电话：
传真：	传真：
电子邮箱：	电子邮箱：
邮政编码：	邮政编码：
年　月　日	年　月　日

经办银行 （盖章） 　　　年　月　日	建筑管理部门 （盖章） 　　　年　月　日	鉴（公）证意见 鉴（公）证机关（盖章） 经办人： 　　　年　月　日

附件一：

工程项目一览表

建设单位：

序号	工程名称	设计单位	栋数	结构	层数	面积	奖金来源	批准文号	投资总额（万元）	工程总造价（万元）	开工时间	竣工时间	备注

注：维修、屋外、管道、给排水等项目也应按此表逐项填写。

附件二：

由发包方负责供应设备和材料表

材料名称	规格	单位	数量	交料地点	到场日期	备注

附件三：

工程质量保修书（略）

（13）建筑装饰工程施工合同

（示范文本）

发包方（甲方）： ＿＿＿＿＿＿＿＿＿＿＿＿＿＿＿＿＿＿＿＿＿＿

承包方（乙方）： ＿＿＿＿＿＿＿＿＿＿＿＿＿＿＿＿＿＿＿＿＿＿

按照《中华人民共和国经济合同法》和《中华人民共和国建筑法》的规定，结合本工程具体情况，双方达成如下协议。

第一条　工程概况

1.1　工程名称： ＿＿＿＿＿＿＿＿＿＿＿＿＿＿＿＿＿＿＿＿＿＿。

1.2　工程地点： ＿＿＿＿＿＿＿＿＿＿＿＿＿＿＿＿＿＿＿＿＿＿。

1.3　承包范围： ＿＿＿＿＿＿＿＿＿＿＿＿＿＿＿＿＿＿＿＿＿＿。

1.4　承包方式： ＿＿＿＿＿＿＿＿＿＿＿＿＿＿＿＿＿＿＿＿＿＿。

1.5　工期：本工程自＿＿年＿＿月＿＿日开工，于＿＿年＿＿月＿＿日竣工。

1.6　工程质量： ＿＿＿＿＿＿＿＿＿＿＿＿＿＿＿＿＿＿＿＿＿＿。

1.7　合同价款（人民币大写）： ＿＿＿＿＿＿＿＿＿＿＿＿＿＿＿。

第二条　甲方工作

2.1　开工前＿＿天，向乙方提供经确认的施工图纸或作法说明＿＿份，并向乙方进行现场交底。全部腾空或部分腾空房屋，清除影响施工的障碍物。对只能部分腾空的房屋中所滞留的家具、陈设等采取保护措施。向乙方提供施工所需的水、电、气及电讯等设备，并说明使用注意事项。办理施工所涉及的各种申请、批件等手续。

2.2　指派＿＿＿＿＿＿＿为甲方驻工地代表，负责合同履行。对工程质量、进度进行监督检查，办理验收、变更、登记手续和其他事宜。

2.3　委托＿＿＿＿＿＿＿监理公司进行工程监理，监理公司任命＿＿＿＿＿＿＿为总监理工程师，其职责在监理合同中应明确，并将合同副本交乙方＿＿份。

2.4　负责保护好周围建筑物及装修、设备管线、古树名木、绿地等不受损坏，并承担相应费用。

2.5　如确实需要拆改原建筑物结构或设备管线，负责到有关部门办理相应审批手续。

2.6　协调有关部门做好现场保卫、消防、垃圾处理等工作，并承担相应费用。

第三条　乙方工作

3.1　参加甲方组织的施工图纸或作法说明的现场交底，拟定施工方案和进度计划，交甲方审定。

3.2　指派_____为乙方驻工地代表，负责合同履行。按要求组织施工，保质、保量、按期完成施工任务，解决由乙方负责的各项事宜。

3.3　严格执行施工规范、安全操作规程、防火安全规定、环境保护规定。严格按照图纸或作法说明进行施工，做好各项质量检查记录。参加竣工验收，编制工程结算。

3.4　遵守国家或地方政府及有关部门对施工现场管理的规定，妥善保护好施工现场周围建筑物、设备管线、古树名木不受损坏。做好施工现场保卫和垃圾处理等工作，处理好由于施工带来的扰民问题及与周围单位（住户）的关系。

3.5　施工中未经甲方同意或有关部门批准，不得随意拆改原建筑物结构及各种设备管线。

3.6　工程竣工未移交甲方之前，负责对现场的一切设施和工程成品进行保护。

第四条　关于工期的约定

4.1　甲方要求比合同约定的工期提前竣工时，应征得乙方同意，并支付乙方因赶工采取措施的费用。

4.2　因甲方未按约定完成工作，影响工期，工期顺延。

4.3　因乙方责任，不能按期开工或中途无故停工，影响工期，工期不顺延。

4.4　因设计变更或非乙方原因造成的停电、停水、停气及不可抗力因素影响，导致停工8小时以上（一周内累计计算），工期相应顺延。

第五条　关于工程质量及验收的约定

5.1　本工程以施工图纸、作法说明、设计变更和《建筑装饰装修工程质量验收规范》（GB50210－2001）、《建筑工程施工质量验收统一标准》

（GB50300－2001）等国家制定的施工及验收规范为质量评定验收标准。

5.2　本工程质量应达到国家质量评定合格标准。甲方要求部分或全部工程项目达到优良标准时，应向乙方支付由此增加的费用。

5.3　甲、乙双方应及时办理隐蔽工程和中间工程的检查与验收手续。甲方不按时参加隐蔽工程和中间工程验收，乙方可自行验收，甲方应予承认。若甲方要求复验时，乙方应按要求办理复验。若复验合格，甲方应承担复验费用，由此造成停工，工期顺延；若复验不合格，其验收返工费用由乙方承担，但工期应予顺延。

5.4　由于甲方提供的材料、设备质量不合格而影响工程质量，其返工费用由甲方承担，工期顺延。

5.5　由于乙方原因造成质量事故，其返工费用由乙方承担，工期不顺延。

5.6　工程竣工后，乙方应通知甲方验收，甲方自接到验收通知＿＿＿日内组织验收，并办理验收、移交手续。如甲方在规定时间内未能组织验收，需及时通知乙方，另定验收日期。但甲方应承认竣工日期，并承担乙方的看管费用和相关费用。

第六条　关于工程价款及结算的约定

6.1　双方商定本合同价款采用第＿＿＿种：

（1）固定价格。

（2）固定价格加＿＿＿％包干风险系数计算。包干风险包括＿＿＿＿＿＿内容。

（3）可调价格：按照国家有关工程计价规定计算造价，并按有关规定进行调整和竣工结算。

6.2　本合同生效后，甲方分＿＿＿次，按下表约定支付工程款，尾款竣工结算时一次结清。

拨款分＿＿＿次进行	拨款/％	金额/万元

6.3　工程竣工验收后,乙方提出工程结算并将有关资料送交甲方。甲方自接到上述资料＿＿＿天内审查完毕,到期未提出异议,视为同意,并在＿＿＿天内,结清尾款。

第七条　关于材料供应的约定

7.1　本工程甲方负责采购供应的材料、设备(见附表一),应为符合设计要求的合格产品,并应按时供应到现场。凡约定由乙方提货的,甲方应将提货手续移交给乙方,由乙方承担运输费用。由甲方供应的材料、设备发生了质量问题或规格差异,对工程造成损失,责任由甲方承担。甲方供应的材料,经乙方验收后,由乙方负责保管,甲方应支付材料价值＿＿＿％的保管费。由于乙方保管不当造成损失,由乙方负责赔偿。

7.2　凡由于乙方采购的材料、设备,如不符合质量要求或规格有差异,应禁止使用。若已使用,对工程造成的损失由乙方负责。

第八条　有关安全生产和防火的约定

8.1　甲方提供的施工图纸或作法说明,应符合《中华人民共和国消防条例》和有关防火设计规范。

8.2　乙方在施工期间应严格遵守《建筑安装工程安全技术规程》《建筑安装工人安全操作规程》《中华人民共和国消防条例》和其他相关的法规、规范。

8.3　由于甲方确认的图纸或作法说明,违反有关安全操作规程、消防条例和防火设计规范,导致发生安全或火灾事故,甲方应承担由此产生的一切经济损失。

8.4　由于乙方在施工生产过程中违反有关安全操作规程、消防条例,导致发生安全或火灾事故,乙方应承担由此引发的一切经济损失。

第九条　奖励和违约责任

9.1　由于甲方原因导致延期开工或中途停工,甲方应补偿乙方因停工、窝工所造成的损失。每停工或窝工一天,甲方支付乙方＿＿＿元。甲方不按合同的约定拨付款,每拖期一天,按付款额的＿＿＿％支付滞纳金。

9.2　由于乙方原因,逾期竣工,每逾期一天,乙方支付甲方＿＿＿元违约金。甲方要求提前竣工,除支付赶工措施费外,每提前一天,甲方支付乙方＿＿＿元,作为奖励。

9.3　乙方按照甲方要求，全部或部分工程项目达到优良标准时，除按本合同 5.2 款增加优质价款外，甲方支付乙方＿＿＿元，作为奖励。

9.4　乙方应妥善保护甲方提供的设备及现场堆放的家具、陈设和工程成品，如造成损失，应照价赔偿。

9.5　甲方未办理任何手续，擅自同意拆改原有建筑物结构或设备管线，由此发生的损失或事故（包括罚款），由甲方负责并承担损失。

9.6　未经甲方同意，乙方擅自拆改原建筑物结构或设备管线，由此发生的损失或事故（包括罚款），由乙方负责并承担损失。

9.7　未办理验收手续，甲方提前使用或擅自动用，造成的损失由甲方负责。

9.8　因一方原因，合同无法继续履行时，应通知对方，办理合同终止协议，并由责任方赔偿对方由此造成的经济损失。

第十条　争议或纠纷处理

10.1　本合同在履行期间，双方发生争议时，在不影响工程进度的前提下，双方可协商解决或请有关部门进行调解。

10.2　当事人不愿通过协商、调解解决或者协商、调解不成时，本合同在执行中发生的争议可由仲裁委员会仲裁，也可向人民法院起诉。

第十一条　其他约定

第十二条　附则

12.1　本工程需要进行保修或保险时，应另订协议。

12.2　本合同正本两份，双方各执一份。副本＿＿＿份，甲方执＿＿＿份，乙方执＿＿＿份。

12.3　本合同履行完成后自动终止。

12.4　附件

（1）施工图纸或作法说明

（2）工程项目一览表

（3）工程预算书

（4）甲方提供货物清单

（5）会议纪要

（6）设计变更

（7）其他

甲方（盖章）：	乙方（盖章）：
法定代表人：	法定代表人：
代理人：	代理人：
单位地址：	单位地址：
电话：	电话：
传真：	传真：
邮政编码：	邮政编码：
开户银行：	开户银行：
户名：	户名：
账号：	账号：
年　月　日	年　月　日

附表一：

×××工程甲方供应材料设备一览表

序号	材料或设备名称	规格型号	单位	数量	金额	供应时间	送达地址	备注

（14）租赁合同

（示范文本）

合同编号：_____

出租人：_____　　　　　　签订地点：_____

承租人：_____　　　　　　签订时间：____年____月____日

第一条　租赁物

1. 名称：_____。

2. 数量及相关配套设施：_____。

3. 质量状况：_____。

第二条　租赁期限____年____月____日，自____年____月____日至____年____月____日。

（提示：租赁期限不得超过二十年。超过二十年的，超过部分无效。）

第三条　租赁物的用途或性质：_____。

租赁物的使用方法：_____。

第四条　租金、租金支付期限及方式

1. 租金（大写）：_____。

2. 租金支付期限：_____。

3. 租金支付方式：_____。

第五条　租赁物交付的时间、地点、方式及验收

_____。

第六条　租赁物的维修

1. 出租人维修范围、时间及费用承担：_____

_____。

2. 承租人维修范围及费用承担：_____。

第七条　因租赁物维修影响承租人使用____天的，出租人应相应减少租金或延长租期。其计算方法是：_____

_____。

第八条 租赁物的改善或增设他物

出租人（是/否）允许承租人对租赁物进行改善或增设他物。改善或增设他物不得因此损坏租赁物。

租赁合同期满时，对租赁物的改善或增设的他物的处理办法是：_____

_____。

第九条 出租（是/否）允许承租人转租租赁物。

第十条 违约责任：_____。

第十一条 合同争议的解决方式

本合同在履行过程中发生的争议，由双方当事人协商解决，也可以由当地工商行政管理部门调解；协商或调解不成的，按下列第____种方式解决：

（一）提交_____仲裁委员会仲裁；

（二）依法向人民法院起诉。

第十二条 租赁期届满，双方有意续订的，可在租赁期满前____日续订租赁合同。

第十三条 租赁期满租赁物的返还时间为_____。

第十四条 其他约定事项：_____。

第十五条 本合同未作规定的，按照《中华人民共和国合同法》的规定执行。

出　租　人	承　租　人	鉴（公）证意见
出租人（签字、章）：	承租人（签字、章）：	
住所：	住所：	
法定代表人（签字）：	法定代表人（签字）：	
法定代表人身份证号：	法定代表人身份证号：	
委托代理人（签字）：	委托代理人（签字）：	
电话：	电话：	鉴（公）证机关（章）
传真：	传真：	经办人：
电子邮箱：	电子邮箱：	
开户银行：	开户银行：	年　月　日
账号：	账号：	

（15）个人房屋租赁合同

（参考范本）

出租方（以下简称甲方）：＿＿＿＿＿＿＿＿＿＿＿＿＿＿＿＿＿

承租方（以下简称乙方）：＿＿＿＿＿＿＿＿＿＿＿＿＿＿＿＿＿

根据《中华人民共和国合同法》及相关法律规定，为了明确甲、乙双方的权利、义务，经双方平等协商，签订本合同。

1. 甲方出租给乙方的房屋位于＿＿＿＿省＿＿＿＿市＿＿＿＿区＿＿＿＿县＿＿＿＿镇或街道＿＿＿＿路＿＿号，出租房屋面积共＿＿平方米，房屋现有装修及设施、设备情况详见合同附件。

2. 甲方出租给乙方的房屋租赁期共＿＿个月。自＿＿年＿＿月＿＿日起至＿＿年＿＿月＿＿日止。乙方向甲方承诺，租赁该房屋仅作为＿＿＿＿使用。租赁期满，甲方有权收回出租房屋，乙方应如期交还。乙方如要求续租，则必须在租赁期满＿＿个月之前书面通知甲方，经甲方同意后，重新签订租赁合同。

3. 经双方协商，该房屋每月租金为＿＿＿＿元；租金总额为＿＿＿＿元（大写＿＿万＿＿仟＿＿佰＿＿拾＿＿元整）。

4. 经双方协商，乙方负责交纳租赁期间因居住及营业所产生的一切费用。

5. 在租赁期内，甲方应保证出租房屋的使用安全。该房屋及所属设施的维修均由甲方负责（乙方使用不当除外）；对乙方的装修装饰部分甲方不负有修缮的义务。乙方如因使用不当造成房屋及设施损坏的，乙方应立即负责修复或经济赔偿。乙方如改变房屋的内部结构、装修或设置对房屋结构有影响的设备，设计规模、范围、工艺、用料等方案均须事先征得甲方的书面同意后方可施工。租赁期满后或因乙方责任导致退租的，依附于房屋的装修归甲方所有。甲方有权选择：□乙方恢复原状；□向乙方收取恢复工程实际发生的费用。

6. 租赁期内未经甲方同意，乙方不得转租、转借承租房屋。若甲方在此期间出售房屋，须在＿＿个月前书面通知乙方，在征得乙方同意后方可实施，在同等条件下，乙方有优先购买权。双方可以协商变更或终止本合同。

7. 甲方有以下行为之一的，乙方有权解除合同：（1）不能提供房屋或所提供房屋不符合约定条件，严重影响居住。（2）甲方未尽房屋修缮义务，严重影响居住的。

8. 房屋租赁期间，乙方有下列行为之一的，甲方有权解除合同，收回出租房屋：（1）未经甲方书面同意，转租、转借承租房屋。（2）未经甲方书面同意，拆改变动房屋结构。（3）损坏承租房屋，在甲方提出的合理期限内仍未修复的。（4）未经甲方书面同意，改变本合同约定的房屋租赁用途。（5）利用承租房屋存放危险物品或进行违法活动。（6）逾期未交纳按约定应当由乙方交纳的各项费用，已经给甲方造成严重损害的。（7）拖欠房租累计＿＿＿个月以上。

9. 租赁期满前，乙方要继续租赁的，应当在租赁期满＿＿＿个月前书面通知甲方。如甲方在租期届满后仍要对外出租的，在同等条件下，乙方享有优先承租权。租赁期满合同自然终止；因不可抗力因素导致合同无法履行的，合同自然终止。

10. 合同实施时，甲方应保证租赁房屋本身及附属设施、设备处于能够正常使用的状态。乙方交还甲方房屋应当保持房屋及设施、设备的完好状态，不得留存物品或影响房屋的正常使用。对未经同意留存的物品，甲方有权处置。验收时双方须共同参与，并签字确认。

11. 房屋租赁期间，甲方因不能提供本合同约定的房屋或其他原因单方面提出解除合同的，应支付乙方本合同租金总额＿＿＿％的违约金。甲方每逾期交房一日，则每日应向乙方支付日租金＿＿＿倍的滞纳金。由于甲方怠于履行维修义务或情况紧急，乙方组织维修的，甲方应支付乙方费用或折抵租金，但乙方应提供有效凭证。

12. 租赁期间，乙方有下列行为之一的，甲方有权终止合同，收回该房屋，乙方应按照合同总租金的＿＿＿％向甲方支付违约金。（1）未经甲方书面同意，将房屋转租、转借给他人使用的。（2）未经甲方书面同意，拆改变动房屋结构或损坏房屋。（3）改变本合同规定的租赁用途或利用该房屋进行违法活动的。（4）拖欠房租累计＿＿＿个月以上的。（5）租赁期内，乙方逾期交纳本合同约定应由乙方负担的费用的，每逾期一天，则应按上述费用总额的＿＿＿％支付甲方滞纳金。（6）租赁期内，乙方未经甲方同意，中途擅自退租的，乙方应该按合同总租金＿＿＿％的额度向甲方支付违约金。（7）支付租金，每逾期一日，则乙方须按日租金的____倍支付滞纳金。(8)租赁期满，乙方应如期交还该房屋，逾期归还，则每逾期一日应向甲方支付原日租金____倍的滞纳金。

13.因不可抗力原因致使本合同不能继续履行或造成的损失，甲、乙双方互不承担责任；因国家政策需要拆除或改造已租赁的房屋，使甲、乙双方造成损失的，互不承担责任。因上述原因而终止合同的，租金按照实际使用时间计算，不足整月的按天数计算，多退少补。其中，不可抗力系指"不能预见、不能避免并不能克服的客观情况"。

14.本合同自双方签字（盖章）后生效，由甲、乙双方各执____份，具有同等法律效力。其他未规定事宜，经甲、乙双方协商一致，可订立补充条款。补充条款及附件均为本合同组成部分，与本合同具有同等法律效力。协商或调解不成的，依法向有管辖权的人民法院提起诉讼。

甲方（签字或盖章）：　　　　　乙方（签字或盖章）：

身份证号：　　　　　　　　　　身份证号：

电话：　　　　　　　　　　　　电话：

传真：　　　　　　　　　　　　传真：

电子邮箱：　　　　　　　　　　电子邮箱：

开户银行及账号：　　　　　　　开户银行及账号：

地址：　　　　　　　　　　　　地址：

房产证号：

签约日期：

签约地点：

设施、设备清单另附

1.厨房用具清单及数量

2.卫生间用具及数量

3.家具清单及数量

4.水表、电表、气表现数

5.装修状况记录

6.其他设施、设备

（16）土地租赁合同

（参考文本）

合同编号：＿＿＿＿＿＿＿

签订地点：＿＿＿＿＿＿＿＿

签订时间：＿＿年＿＿月＿＿日

出租方（以下简称甲方）：＿＿＿＿＿＿

承租方（以下简称乙方）：＿＿＿＿＿＿

根据《中华人民共和国合同法》及相关法律规定，为了明确甲、乙双方的权利、义务，经双方平等协商，签订本合同。

一、甲方将位于＿＿市＿＿路＿＿号的＿＿亩土地的使用权及地上建筑物、构筑物、附着物等（见附件）出租给乙方使用。

二、乙方承租本宗土地必须进行合法经营，否则甲方有权收回土地使用权，终止合同。

三、乙方不得擅自转租本宗土地的使用权，如需进行转租应征得甲方书面同意，否则甲方有权收回土地使用权，终止合同。

四、甲方应保证本宗土地上的供水、供电、供暖等基本设施完整，并帮助乙方协调同水、电、暖气的提供方的有关事宜，但具体收费事宜由乙与水、电、暖气的提供方协商，所有费用由乙方承担。

五、乙方在租用期间，不得随意改变本宗土地状况和地上的建筑物、构筑物、附着物及水、电、暖管网等设施，如确需改动或扩增设备应事先征得甲方书面同意后方可实施，对有关设施进行改动或扩增设备时如需办理相关手续，由乙方办理，甲方根据实际情况给予协助，所需费用由乙方承担。

六、乙方租用期间，有关市容环境卫生、门前三包等费用由乙方承担。国家行政收费，按国家规定或由甲、乙双方协商负担。

七、乙方在租赁期间因生产经营所发生的所有事故及造成他人损害的，由乙方承担责任，与甲方无关。

八、合同约定的租赁期限届满或双方协商一致解除合同后＿＿日内，乙方应向甲方办理交接手续，交接时乙方应保证工作人员撤离，将属于自己的设备腾清，并将租赁范围内的垃圾杂物等清理干净。

九、租赁期限为___年，从___年___月___日至___年___月___日。

十、经甲乙双方商定，租金的交纳采取先付后用的方式按年支付，年租金为_____元，由乙方于每年___月___日交纳给甲方。如逾期交纳租金，乙方除应补交所欠租金外还应向甲方支付年租金日千分之二的违约金；或甲方有权解除合同，乙方应向甲方支付违约金。

十一、甲方向乙方收取约定租金以外的费用，乙方有权拒付。

十二、在租赁期限内，因不可抗力的原因或者因城市规划建设双方解除合同，由此造成的经济损失双方互不承担责任。

十三、争议解决方式：_____。

十四、双方协商一致可另行签订补充协议，补充协议与本合同具有同等法律效力。

十五、本合同自双方签字盖章后生效。

十六、本合同一式四份，双方各执两份，具有同等法律效力。

出 租 人	承 租 人	鉴（公）证意见
出租人（签字、章）：	承租人（签字、章）：	
住所：	住所：	
法定代表人（签字）：	法定代表人（签字）：	
法定代表人身份证号：	法定代表人身份证号：	
委托代理人（签字）：	委托代理人（签字）：	
电话：	电话：	鉴（公）证机关（章）
传真：	传真：	经办人：
电子邮箱：	电子邮箱：	
开户银行：	开户银行：	年 月 日
账号：	账号：	

附件：土地及地上建筑物、构筑物、附着物情况。

（17）农村土地承包合同

（参考范本）

合同编号：＿＿＿＿＿＿

签订地点：＿＿＿＿＿＿＿＿

签订时间：＿＿年＿＿月＿＿日

发包方：＿＿＿＿＿＿村民委员会（以下简称甲方）

承包方：＿＿＿＿＿＿（以下简称乙方）

为了农业科学技术的推广，改变传统陈旧的农业耕作形式，甲方将集体所有的农用耕地承包给乙方，用于农业科技的开发应用。根据《中华人民共和国土地管理法》《中华人民共和国合同法》及相关法律、法规和政策规定，甲乙双方本着平等、自愿、有偿的原则，签订本合同，共同信守。

一、土地的面积、位置

甲方经村民会议同意并报乡人民政府批准，将位于＿＿＿＿＿乡＿＿＿＿＿村面积＿＿＿亩（具体面积、位置以合同附图为准）农用耕地承包给乙方使用。土地方位东起＿＿＿＿＿＿，西至＿＿＿＿＿＿，北至＿＿＿＿＿＿，南至＿＿＿＿＿＿。附图已经甲乙双方签字确认。

二、土地用途及承包形式

1. 土地用途为农业科技园艺开发、推广、培训、服务及农业种植和养殖。

2. 承包形式：个人承包经营。

三、土地的承包经营期限

该地承包经营期限为＿＿＿年，自＿＿＿年＿＿＿月＿＿＿日至＿＿＿年＿＿＿月＿＿＿日止。

四、地上物的处置

该地上有一口深水井，在合同有效期内，由乙方无偿使用并加以维护；待合同期满或解除时，按使用的实际状况与所承包的土地一并归还甲方。

五、承包金及交付方式

1. 该土地的承包金为每亩每年人民币＿＿＿元，承包金每年共计人民币＿＿＿元。

2. 每年＿＿＿月＿＿＿日前，乙方向甲方全额交纳本年度的承包金。

六、甲乙双方的权利和义务

（一）甲方的权利和义务

1. 对土地开发利用进行监督，保证土地按照合同约定的用途合理利用。

2. 按照合同约定收取承包金；在合同有效期内，甲方不得提高承包金。

3. 保障乙方自主经营，不侵犯乙方的合法权益。

4. 协助乙方进行农业高新技术的开发、宣传、褒奖、应用。

5. 按照合同约定，保证水、电畅通，并无偿提供通往承包地的道路。

6. 按本村村民用电价格收取乙方电费。

7. 为乙方提供自来水，并给予乙方以甲方村民的同等待遇。

8. 在合同履行期内，甲方不得重复发包该地块。

（二）乙方的权利和义务

1. 按照合同约定的用途和期限，有权依法利用和经营所承包的土地。

2. 享有承包土地上的收益权和按照合同约定兴建、购置财产的所有权。

3. 享受国家规定的优惠政策。

4. 享有对公共设施的使用权。

5. 乙方可在承包的土地上建设与约定用途有关的生产、生活设施。

6. 乙方不得用取得承包经营权的土地抵偿债务。

7. 保护自然资源，搞好水土保持，合理利用土地。

七、合同的转包

1. 在本合同有效期内，乙方经过甲方同意，遵照自愿、互利的原则，可以将承包的土地全部或部分转包给第三方。

2. 转包时要签订转包合同，不得擅自改变原来承包合同的内容。

3. 本合同转包后，甲方与乙方之间仍应按原承包合同的约定行使权利和承担义务；乙方与第三方按转包合同的约定行使权利和承担义务。

八、合同的变更和解除

本合同在履行过程中发生的争议，由双方当事人协商解决；协商或调解不成的，按下列第____种方式解决。

　　1. 提交_____仲裁委员会仲裁；

　　2. 依法向人民法院起诉。

九、生效时间

本合同自_____起生效。

十、其他约定事项

　　1. _____

　　2. _____

　　3. _____

发包方	承包方	鉴（公）证意见
发包人（签字、章）：	承包人（签字、章）：	
住所：	住所：	
法定代表人（签字）：	法定代表人（签字）：	
委托代理人（签字）：	委托代理人（签字）：	
电话：	电话：	
传真：	传真：	
电子邮箱：	电子邮箱：	鉴（公）证机关（章）
开户银行：	开户银行：	经办人：
账号：	账号：	
法定代表人身份证号：	法定代表人身份证号：	年　月　日
邮编：	邮编：	

（注：除国家另有规定外，鉴证、公证实行自愿原则。）

（18）保管合同

（示范文本）

合同编号：＿＿＿＿＿＿

保管人：＿＿＿＿＿＿　　　　签订地点：＿＿＿＿＿＿＿＿＿

寄存人：＿＿＿＿＿＿　　　　签订时间：＿＿＿年＿＿＿月＿＿＿日

第一条　保管

保管物名称：＿＿＿＿＿＿＿＿＿＿＿＿＿＿＿＿＿＿＿＿＿＿＿＿。

性质：＿＿＿＿＿＿＿＿＿＿＿＿＿＿＿＿＿＿＿＿＿＿＿＿＿＿＿。

数量：＿＿＿＿＿＿＿＿＿＿＿＿＿＿＿＿＿＿＿＿＿＿＿＿＿＿＿。

价值：＿＿＿＿＿＿＿＿＿＿＿＿＿＿＿＿＿＿＿＿＿＿＿＿＿＿＿。

第二条　保管场所：＿＿＿＿＿＿＿＿＿＿＿＿＿＿＿＿＿＿＿＿。

第三条　保管方法：＿＿＿＿＿＿＿＿＿＿＿＿＿＿＿＿＿＿＿＿。

第四条　保管物（是/否）有瑕疵，瑕疵是＿＿＿＿＿＿＿＿＿＿＿。

第五条　保管物（是/否）需要采取特殊保管措施。特殊保管措施是＿＿＿

＿＿＿＿＿＿＿＿＿＿＿＿＿＿＿＿＿＿＿＿＿＿＿＿＿＿＿＿＿＿＿＿。

第六条　保管物（是/否）有货币、有价证券或者其他贵重物。

第七条　保管期限自＿＿＿年＿＿＿月＿＿＿日至＿＿＿年＿＿＿月＿＿＿日止。

第八条　寄存人交付保管物时，保管人应当验收，并给付保管凭证。

第九条　保管人（是/否）允许保管人将保管物转交他人保管。

第十条　保管费（大写）＿＿＿＿＿＿＿＿＿元。

第十一条　保管费的支付方式与时间：＿＿＿＿＿＿＿＿＿＿＿＿＿＿。

第十二条　寄存人未向保管人支付保管费的，保管人（是/否）可以留置保管物。

第十三条　违约责任：＿＿＿＿＿＿＿＿＿＿＿＿＿＿＿＿＿＿＿＿。

第十四条　合同争议的解决方式：本合同在履行过程中发生的争议，由双方当事人协商解决，协商不成的，按下列第＿＿＿＿＿＿＿种方式解决。

（一）提交＿＿＿＿＿＿＿＿＿＿仲裁委员会仲裁。

（二）依法向人民法院起诉。

第十五条　本合同自＿＿＿＿＿＿时成立。

第十六条　其他约定事项：＿＿＿＿＿＿＿＿＿＿＿＿＿＿＿＿。

保管人：　　　　　　　　　　寄存人：

身份证号：　　　　　　　　　身份证号：

联系人：　　　　　　　　　　联系人：

电话：　　　　　　　　　　　电话：

（19）仓储合同
（示范文本）

合同编号：_____

保管人：_____　　　　　　签订地点：_____

存货人：_____　　　　　　签订时间：____年____月____日

第一条　仓储物

品名	品种规格	性质	数量	质量	包装	件数	标记

（注：空格如不够用，可以另接）

第二条　储存场所、储存物占用仓库位置及面积：_____。

第三条　仓储物（是/否）有瑕疵，瑕疵是_____。

第四条　仓储物（是/否）需要采取特殊保管措施。特殊保管措施是____

_____。

第五条　仓储物入库检验办法、时间与地点：_____。

第六条　存货人交付仓储物后，保管人应当给付仓单。

第七条　储存期限自____年____月____日至____年____月____日止。

第八条　仓储物的损耗标准及计算办法：_____。

第九条　保管人发现仓储物有变质或损坏的，应及时通知存货人或仓单持有人。

第十条　仓储物（是/否）已办理保险，险种名称为_____，保险金额为_____；保险期限为_____，保险人名称为_____。

第十一条　仓储物出库检验的办法与时间：_____。

第十二条　仓储费（大写）：_____元。

第十三条　仓储费结算方式与时间：_____。

第十四条　存货人未向保管人支付仓储费的，保管人（是/否）可以留置仓储物。

第十五条　违约责任：＿＿＿＿＿＿＿＿＿＿＿＿＿＿＿＿＿＿。

第十六条　合同争议的解决方式：本合同在履行过程中发生的争议，由双方当事人协商解决，协商不成的，按下列第＿＿种方式解决。

（一）提交＿＿＿＿＿＿＿＿＿＿仲裁委员会仲裁。

（二）依法向人民法院起诉。

第十七条　其他约定事项：＿＿＿＿＿＿＿＿＿＿＿＿＿＿＿＿。

存　货　人	保　管　人	鉴（公）证意见：
存货人（章）：	保管人（章）：	
住所	住所	
法定代表人（签字）：	法定代表人（签字）：	
委托代理人（签字）：	委托代理人（签字）：	
电话：	电话：	
传真	传真	鉴（公）证机关（章）
电子邮箱：	电子邮箱：	经办人：
开户银行：	开户银行：	
账号：	账号：	年　月　日
邮编：	邮编：	

（20）委托合同

（示范文本）

合同编号：＿＿＿＿＿＿

委托人：＿＿＿＿＿　　　　　　签订地点：＿＿＿＿＿＿＿＿＿

受托人：＿＿＿＿＿　　　　　　签订时间：＿＿年＿＿月＿＿日

第一条　委托人委托受托人处理＿＿＿＿＿＿＿＿＿＿＿＿＿＿＿＿。

第二条　受托人处理委托事务的权限与具体要求：＿＿＿＿＿＿＿＿

＿＿＿＿＿＿＿＿＿＿＿＿＿＿＿＿＿＿＿＿＿＿＿＿＿＿＿＿＿＿＿＿。

第三条　委托期限自＿＿年＿＿月＿＿日至＿＿年＿＿月＿＿日止。

第四条　委托人（是/否）允许受托人把委托处理的事务转委托给第三

人处理。

第五条　受托人有将委托事务处理情况向委托方报告的义务。

第六条　受托人将处理委托事务所取得的财产转交给委托人的时间、地

点及方式：＿＿＿＿＿＿＿＿＿＿＿＿＿＿＿＿＿＿＿＿＿＿＿＿＿＿。

第七条　委托人支付受托人处理委托事务所付费用的时间、方式：＿＿＿

＿＿＿＿＿＿＿＿＿＿＿＿＿＿＿＿＿＿＿＿＿＿＿＿＿＿＿＿＿＿＿＿。

第八条　报酬及支付方式：＿＿＿＿＿＿＿＿＿＿＿＿＿＿＿＿＿＿。

第九条　本合同解除的条件：＿＿＿＿＿＿＿＿＿＿＿＿＿＿＿＿＿。

第十条　违约责任：＿＿＿＿＿＿＿＿＿＿＿＿＿＿＿＿＿＿＿＿＿。

第十一条　合同争议的解决方式：本合同在履行过程中发生争议，由双

方当事人协商解决；协商不成的，按下列第＿＿种方式解决：

（一）提交＿＿＿＿＿＿＿＿仲裁委员会仲裁；

（二）依法向人民法院起诉。

第十二条　其他约定事项：＿＿＿＿＿＿＿＿＿＿＿＿＿＿＿＿＿＿。

第十三条　本合同未作规定的，按《中华人民共和国合同法》的规定

执行。

第十四条　本合同一式＿＿份，双方各执＿＿份，具有同等法律效力。

委托人（章）：	受托人（章）：
住所：	住所：
法定代表人（签字）：	法定代表人（签字）：
电话：	电话：
传真：	传真：
电子邮箱：	电子邮箱：
开户银行：	开户银行：
账号：	账号：
邮编：	邮编：

（21）加工合同
（示范文本）

合同编号：＿＿＿＿＿＿

签订地点：＿＿＿＿＿＿＿＿

签订时间：＿＿＿年＿＿＿月＿＿＿日

供方（全称）：＿＿＿＿＿＿＿＿＿＿＿＿＿＿＿＿＿＿＿＿

需方（全称）：＿＿＿＿＿＿＿＿＿＿＿＿＿＿＿＿＿＿＿＿

根据《中华人民共和国合同法》的规定，经双方协商，签订本合同，以资共同信守。

一、加工标的品名、规格、数量、价格、交提货日期以下表为准。

品种	规格	标识或品牌	等级	计量单位	数量	单价	金额	交（提）货时间

（注：空格如不够用，可以另接）

二、质量标准：＿＿＿＿＿＿＿＿＿＿＿＿＿＿＿＿＿＿＿＿＿＿。

三、验收方法及地点：＿＿＿＿＿＿＿＿＿＿＿＿＿＿＿＿＿＿。

四、交（收）货方法、地点及运杂费负担：＿＿＿＿＿＿＿＿＿。

五、货款结算时间及方法：＿＿＿＿＿＿＿＿＿＿＿＿＿＿＿＿。

六、包装要求及包装物回收办法、费用负担：＿＿＿＿＿＿＿＿。

七、违约责任：＿＿＿＿＿＿＿＿＿＿＿＿＿＿＿＿＿＿＿＿＿＿。

八、其他：＿＿＿＿＿＿＿＿＿＿＿＿＿＿＿＿＿＿＿＿＿＿＿＿。

九、供需双方由于不可抗力的灾害和确非一方本身造成的原因而不能履行合同时，根据法律规定，可免予承担经济责任。

十、本合同自签订之日起，双方盖章签字后生效。任何一方不得擅自修改或终止，如需修改或终止时，应经双方协商同意，另立协议方可有效，并报双方业务主管部门备案。

十一、本合同在有效期内任何一方违约，双方都有权按《中华人民共和国合同法》有关规定，向人民法院起诉或向合同仲裁机关提出仲裁处理。

十二、本合同正本两份，双方各执一份，副本____份，送双方业务主管部门、银行各一份。

十三、本合同有效期自____年____月____日至____年____月____日止。

供需双方签字盖章：

供　　方	需　　方	鉴（公）证意见：
名称（章）：	名称（章）：	
住所：	住所：	
法定代表人（签字）：	法定代表人（签字）：	
法定代表人身份证号：	法定代表人身份证号：	
委托代理人（签字）：	委托代理人（签字）：	
电话：	电话：	鉴（公）证机关（章）
传真：	传真：	经办人：
电子邮箱：	电子邮箱：	
开户银行：	开户银行：	年　月　日
账号：	账号：	

（22）房地产经纪服务合同
（房产出售示范文本）

填写说明

1. 本合同适用于××市行政区域内出售存量房的经纪服务活动。

2. 当事人订立合同前，须认真协商各项条款。一经双方签字或盖章即生效（当事人另有约定的除外）。任何条款的变更须经双方协商一致后，签字或盖章确认。

3. 合同应当用钢笔、毛笔、签字笔及打印填写，空格部分若为空白句，应用"/"画掉。涂改之处，须经合同当事人签字或盖章确认。

合同编号：＿＿＿＿＿

签订地点：＿＿＿＿＿＿＿＿

签订时间：＿＿年＿＿月＿＿日

委托人（以下简称甲方）

（个人）姓名：＿＿＿＿＿＿＿＿　国籍：＿＿＿＿＿＿＿＿＿

身份证（护照）号码：＿＿＿＿＿＿＿＿＿＿＿＿＿＿＿

（法人或其他组织）名称：＿＿＿＿＿＿＿＿＿＿＿＿＿

法定代表人：＿＿＿＿＿＿＿　营业执照号码：＿＿＿＿＿＿

地址：＿＿＿＿＿＿＿＿＿＿＿＿＿＿＿＿＿＿＿＿

邮政编码：＿＿＿＿＿＿＿＿　联系电话：＿＿＿＿＿＿＿

受托人（以下简称乙方）

法人名称：＿＿＿＿＿＿＿＿＿＿＿

法定代表人：＿＿＿＿＿＿＿　营业执照号码：＿＿＿＿＿＿

房地产经纪机构备案证号：＿＿＿＿＿＿＿＿＿＿＿＿＿

地址：＿＿＿＿＿＿＿＿＿＿＿＿＿＿＿＿＿＿＿＿

邮政编码：＿＿＿＿＿＿＿＿　联系电话：＿＿＿＿＿＿＿

执业房地产经纪人员：＿＿＿＿＿＿　注册证号：＿＿＿＿＿＿＿＿＿

执业房地产经纪人员：＿＿＿＿＿＿　注册证号：＿＿＿＿＿＿＿＿＿

根据《中华人民共和国合同法》《中华人民共和国城市房地产管理法》《××市房地产交易管理条例》《经纪人管理办法》《房地产经纪管理办法》等有关法律、法规、规章的规定，甲乙双方遵循平等、自愿、公平、诚实信用、守法的原则，经协商一致，就甲方委托乙方提供房产出售的经纪服务，达成如下条款：

第一条　出售房产基本情况

具体见附件一。

第二条　提前告知事项

在签署本合同前，乙方应按照《房地产经纪管理办法》等相关规定，书面告知甲方房产出售的相关事项。书面告知材料应当经甲方签名（盖章）确认。

第三条　证件查验及留存

为保证本合同顺利履行，甲方应向乙方提供以下证件原件进行查验：

1. 身份证□　护照□　营业执照□

2. 房产权属证书□

3. 房产权利人委托书□

4. ＿＿＿＿＿＿＿＿＿＿＿＿＿＿＿＿＿＿＿＿＿＿＿＿＿。

甲方允许乙方留存以下证件的复印件用于办理约定的经纪服务事项：

1. 身份证□　护照□　营业执照□

2. 房产权属证书□

3. 房产权利人委托书□

4. ＿＿＿＿＿＿＿＿＿＿＿＿＿＿＿＿＿＿＿＿＿＿＿＿＿。

第四条　经纪服务具体内容

乙方为甲方提供的房地产经纪服务包括下列第＿＿＿项：

1. 提供与房产出售相关的法律法规、政策、市场行情咨询。

2. 发布房产出售的相关信息。

3. 介绍购房人并促成签订房产交易合同。

4. 指导甲方签订房产交易合同。

5. 代办产权过户手续。

6. _____。

第五条　委托期限与方式

（一）委托期限按照下列第____种方式确定（只可选一项）：

1. 自___年___月___日起，至___年___月___日止。除甲、乙双方另有约定同意延期外，期限届满后本合同自行终止。

2. 自本合同签订之日起，至甲方与购房人签订房产交易合同之日止。

3. _____。

（二）甲方□承诺/□不承诺在委托期限内本合同约定的经纪服务事项为独家委托。

第六条　委托出售价格

甲方要求房产出售价格为人民币（大写）_____元（小写___元）左右。最终成交价格以甲方与购房人签订的房产交易合同为准。

第七条　经纪服务费支付

甲方应按下列第____项约定向乙方支付经纪服务费：

1. 按房产交易合同中房价款的百分之____（小写___%）支付，支付时间为房产交易合同签订之日起___日内。

2. 代办产权过户手续服务费（大写）_____元（小写___元），支付时间为产权过户手续完成之日起___日内。

3. _____。

第八条　甲方权利义务

（一）甲方应如实告知乙方有关出售房产的真实情况，并保证提供的资料完整、真实、合法、有效。

（二）甲方应配合乙方完成经纪服务事项。

（三）甲方□同意/□不同意由第三方代替乙方或者乙方与第三方共同完成甲方委托的事项。

（四）甲方有权选择乙方为完成经纪服务事项对外发布的信息及其发布方式，双方在补充条款中约定。

第九条　乙方权利义务

（一）乙方对在提供经纪服务过程中知悉的甲方的商业秘密及个人隐私

负有保密义务。

（二）乙方应当查看房产及有关证书、资料，并编制房产状况说明书。

（三）未经甲方书面同意，乙方不得对外发布房产出售的相关信息。

（四）乙方应积极、努力依法完成甲方委托事项，并如实向甲方说明办理情况。

（五）乙方收取费用应开具合法规范的发票，不得收取除双方约定的经纪服务费之外的其他任何费用。

（六）未经甲方同意，乙方不得以任何理由扣押甲方的证书、资料原件。

（七）乙方不得隐瞒真实的房产交易信息，赚取房产交易差价。

第十条　甲方违约责任

（一）因甲方虚假委托或提供的有关证件和资料不实的，乙方有权单方解除本合同；给乙方造成损失的，甲方应依法承担赔偿责任。

（二）甲方在委托期限内及委托期届满之后____个月内，与乙方介绍过的客户成交的，应当支付约定的经纪服务费；但甲方能证明该项交易与乙方的服务没有直接因果关系的除外。

（三）甲方如未能按时将约定经纪服务费支付给乙方，每逾期一日向乙方支付违约金_____元，直至经纪服务费支付完毕日止。

（四）甲方承诺为独家委托的，在独家委托期间，甲方与第三方就该房产签订房产交易合同的，应当向乙方支付违约金。

第十一条　乙方违约责任

（一）乙方有下列情况之一的，甲方有权不向乙方支付约定的经纪服务费；给甲方造成损失的，乙方应依法承担赔偿责任：

1. 未完成甲方委托的经纪服务事项。

2. 乙方服务未达到合同约定的标准，或未经甲方书面同意，擅自改变房地产经纪服务内容、要求和标准。

3. 未经甲方同意，由第三方代替乙方或者乙方与第三方共同完成甲方委托的事项。

4. 未经甲方书面同意，乙方擅自发布房产出售信息。

5. 乙方违反国家有关法律、法规及本市相关法规，损害甲方利益。

（二）乙方泄露甲方的商业秘密及个人隐私的，依法承担责任。

第十二条　争议处理

本合同发生争议，甲乙双方应协商解决。协商不成的，按下列第____种方式解决：

1. 向_____仲裁委员会申请仲裁。

2. 向人民法院提起诉讼。

第十三条　合同附件

本合同未尽事宜，甲乙双方订立补充合同（附件二）。补充合同与本合同具有同等法律效力。

第十四条　合同份数

本合同连同附件共____页，一式____份，甲乙双方各执____份，具有同等法律效力。

第十五条　合同生效

本合同自甲乙双方签字或盖章之日起生效。当事人另有约定的，从其约定。

甲方：　　　　　　　　　　乙方：

　　　　　　　　　　　　　执业经纪人员（签字）：

　　　　　　　　　　　　　经纪人员注册号：

　　年　月　日　　　　　　　　　年　月　日

附件一：甲方委托出售房产基本情况

1. **房产坐落**：_____□区　□县_____□路　□道□街_____。建筑面积_____平方米，套内面积_____平方米。户型：____室____厅____卫。朝向：_____。所在楼栋建筑总层数为____层。

2. **房产使用性质**：□住宅　□商业　□写字楼　□_____。建筑结构：□钢筋混凝土　□砖混　□_____。装修情况：□精装修　□普通装修　□毛坯房。

3. **产别**：□私产　□公产　□企业产　□_____。房产权属证书号码为_____。房产共有权证号为：_____，共有人_____□同意出售房产并放弃优先购买权　□其他：_____。

4. 房产所占土地性质：□国有划拨　　□国有出让。该房产土地使用年限到____年____月____日止。

5. 该房产建造年代：____年。

6. 该房产物业管理公司为_____，物业管理服务费为每月每平方米人民币：____佰____拾____元____角____分。

7. 是否抵押：□否　□是。是否出租：□否 □是。租期____年____月____日至____年____月____日。

8. 可能影响本房产交易的其他事项：_____。

附件二：补充条款

（23）行纪合同

（示范文本）

合同编号：_____

行纪人：_____ 签订地点：_____

委托人：_____ 签订时间：___年___月___日

第一条 委托人委托行纪人买入（卖出）的货物、数量、价格

货物 名称	商标或 品牌	规格 型号	生产 厂家	计量 单位	数量	单价	金额	质量 标准	包装 要求
合计人民币金额（大写）：									

（注：空格如不够用，可以另接）

第二条 委托人将委托卖出的货物交付行纪人的时间、地点、方式及费用负担：_____。

第三条 行纪人将买入的货物交付给委托人的时间、地点、方式及费用负担：_____。

第四条 委托人与行纪人结算货物的方式、地点及期限：_____。

第五条 报酬的计算方式及支付期限：_____。

第六条 行纪人以高于委托人指定的价格卖出货物时，报酬的计算方法：

_____。

行纪人以低于委托人指定的价格买入货物时，报酬的计算方法：

_____。

第七条 委托人委托行纪人处理委托事务的期限：_____。

第八条 本合同解除的条件：_____。

第九条　委托人未向行纪人支付报酬或货物的，行纪人（是/否）可以留置货物。

第十条　违约责任：＿＿＿＿＿＿＿＿＿＿＿＿＿＿＿＿＿＿＿。

第十一条　合同争议的解决方式：本合同在履行过程中发生的争议，由双方当事人协商解决，协商不成的，按下列第＿＿种方式解决。

（一）提交＿＿＿＿＿＿＿＿仲裁委员会仲裁。

（二）依法向人民法院起诉。

第十二条　其他约定事项：＿＿＿＿＿＿＿＿＿＿＿＿＿＿＿＿＿。

委　托　人	行　纪　人	鉴（公）证意见：
委托人（章）：	行纪人（章）：	
住所：	住所：	
法定代表人（签字）：	法定代表人（签字）：	
身份证号码：	身份证号码：	
委托代理人（签字）：	委托代理人（签字）：	
电话	电话	鉴（公）证机关（章）
传真：	传真：	经办人：
电子邮箱：	电子邮箱：	
开户银行：	开户银行：	年　月　日
账号：	账号：	
邮编：	邮编：	

（24）居间合同

（示范文本）

合同编号：_____

委托人：_____　　　　　　　签订地点：_____

居间人：_____　　　　　　　签订时间：____年____月____日

第一条　委托事项及具体要求：_____

第二条　居间期限：从____年____月____日至____年____月____日。

第三条　报酬及支付期限：居间人促成合同成立的，报酬为促成合同成立金额的____％或者（大写）_____元。委托人应在合同成立后的____日内支付报酬。未促成合同成立的，居间人不得要求支付报酬。

第四条　居间费用的负担：居间人促成合同成立的，居间活动的费用由居间人负担；未促成合同成立的，委托人应向居间人支付必要费用（大写）_____元。

第五条　本合同解除条件：

1. 当事人就解除合同协商一致；

2. 不可抗力致使不能实现合同目的；

3. 在委托期限届满之前，当事人一方明确表示或者以自己的行为表示不履行主要义务；

4. 当事人一方迟延履行主要义务，经催告后在合理期限内仍未履行；

5. 当事人一方迟延履行义务或者有其他违约行为，致使不能实现合同目的。

第六条　委托人的违约责任：_____。

第七条　居间人的违约责任：_____。

第八条　合同争议的解决方式：本合同在履行过程中发生的争议，由双方当事人协商解决，也可由当地工商行政管理部门调解；协商不成的，按下列第____种方式解决。

（一）提交_____仲裁委员会仲裁。

（二）依法向人民法院起诉。

第九条　其他约定事项：＿＿＿＿＿＿＿＿＿＿＿＿＿＿＿＿。

第十条　本合同未作明确规定的，按《中华人民共和国合同法》的规定执行。

委　托　人	居　间　人	鉴（公）证意见：
委托人（章）：	居间人（章）：	
住所：	住所：	
法定代表人（签字）：	法定代表人（签字）：	
身份证号码：	身份证号码：	
委托代理人（签字）：	委托代理人（签字）：	
电话：	电话：	
传真：	传真：	鉴（公）证机关（章）
电子邮箱：	电子邮箱：	经办人：
开户银行：	开户银行：	
账号：	账号：	年　月　日
邮编：	邮编：	

（25）商品代销合同

（示范文本）

合同编号：＿＿＿＿＿＿＿

委托人：＿＿＿＿＿＿＿　　　　　　签订地点：＿＿＿＿＿＿＿＿＿＿＿

代销人：＿＿＿＿＿＿＿　　　　　　签订时间：＿＿＿年＿＿＿月＿＿＿日

第一条　代销商品、数量、价格

商品名称	商标品牌	规格型号	生产厂家	计量单位	数量	单价
合计人民币金额（大写）：						

（注：空格如不够用，可以另接）

第二条　代销商品的质量标准：＿＿＿＿＿＿＿＿＿＿＿＿＿＿＿＿＿＿＿＿。

第三条　代销商品的交付时间、地点、方式及费用负担：＿＿＿＿＿＿＿＿

＿＿＿＿＿＿＿＿＿＿＿＿＿＿＿＿＿＿＿＿＿＿＿＿＿＿＿＿＿＿＿＿＿＿＿。

第四条　代销期限从＿＿＿年＿＿＿月＿＿＿日至＿＿年＿＿＿月＿＿＿日。

第五条　代销期限终止后，未售出的代销商品的处理：＿＿＿＿＿＿＿＿＿

＿＿＿＿＿＿＿＿＿＿＿＿＿＿＿＿＿＿＿＿＿＿＿＿＿＿＿＿＿＿＿＿＿＿＿。

第六条　代销商品的报酬计算方法是：＿＿＿＿＿＿＿＿＿＿＿＿＿＿＿＿。

第七条　报酬、货物的结算（可按下列方式选择，未选择的画掉）

1. 已售产品的价格每月＿＿＿日结算一次，代销人的相应报酬从价款中扣除，最后一批代销商品价格与报酬在代销期限终止时结清。

2. 已售商品达百分之＿＿＿时，代销人与委托人结算一次价款，相应报酬从价款中扣除，最后一批代销商品价款与报酬在代销期限终止时结清。

3. ＿＿＿＿＿＿＿＿＿＿＿＿＿＿＿＿＿＿＿＿＿＿＿＿＿＿＿＿＿＿＿＿。

第八条 本合同解除条件：_____。

第九条 违约责任：_____。

第十条 合同争议的解决方式：本合同在履行过程中发生的争议，由双方当事人协商解决，协商不成的，按下列第____种方式解决。

（一）提交_____仲裁委员会仲裁。

（二）依法向人民法院起诉。

第十一条 其他约定事项：_____。

委 托 人	代 销 人
委托人（章）：	代销人（章）：
住所：	住所：
法定代表人（签字）：	法定代表人（签字）：
委托代理人（签字）：	委托代理人（签字）：
身份证号码：	身份证号码：
电话：	电话：
传真：	传真：
电子邮箱：	电子邮箱：
开户银行：	开户银行：
账号：	账号：
邮编：	邮编：

（26）美容美发业预付消费合同

（示范文本）

合同编号：＿＿＿＿＿＿＿

签订地点：＿＿＿＿＿＿＿＿＿

签订时间：＿＿年＿＿月＿＿日

经营者（以下简称甲方）：＿＿＿＿＿＿＿＿＿＿＿＿＿＿＿＿＿

身份证号码：＿＿＿＿＿＿＿＿＿＿＿＿＿＿＿＿＿＿

营业执照号码：＿＿＿＿＿＿＿＿＿＿＿＿＿＿＿＿＿

消费者（以下简称乙方）：＿＿＿＿＿＿＿＿＿＿＿＿＿＿＿＿

身份证号码：＿＿＿＿＿＿＿＿＿＿＿＿＿＿＿＿＿＿

根据《中华人民共和国合同法》及其他相关法律、法规的规定，就美容美发预付消费及消费卡事宜，甲乙双方在平等、自愿、公平、诚实信用的基础上，经协商一致，达成如下协议。

第一条　预付消费使用范围

1. 消费项目：□美容/□美体/□美发/□化妆/□美甲。消费内容：＿＿

＿＿＿＿＿＿＿＿＿＿＿＿＿＿＿＿＿＿＿＿＿＿＿＿＿＿＿＿＿＿＿。

2. 使用期限：有效期为＿＿＿年＿＿月＿＿日至＿＿＿年＿＿月＿＿日止。

3. 使用地点：□本店使用/□连锁门店通用。

4. 使用权限：□能与促销活动同时使用/□不能与促销活动同时使用。

第二条　金额及支付方式

1. 卡面金额：＿＿＿＿＿元（大写：＿＿＿＿＿元）。

2. 实际收费：＿＿＿＿＿元（大写：＿＿＿＿＿元）。

3. 优惠幅度：＿＿＿＿＿＿＿＿＿＿＿＿＿＿＿＿＿＿＿＿＿＿＿。

4. 双方选择下列第＿＿＿种方式付款：

（1）一次性支付。

（2）预付＿＿＿＿＿元，余款＿＿＿＿＿＿元，＿＿＿天付清。

（3）其他支付方式：＿＿＿＿＿＿＿＿＿＿＿＿＿＿＿＿＿＿。

支付款项后，甲方出具凭证。

第三条　经营场所及其使用期限

经营场所地址（连锁经营场所以附件形式告之地址）

使用期限：_____。

第四条　权利和义务

1. 甲方应详细说明消费卡类别、费用、可使用消费卡项目具体内容和使用方式。

2. 甲方保证乙方预付消费及消费卡使用安全、方便，并负责保存经乙方确认的消费记录。

3. 消费卡内余额不足支付当次消费的可用现金补足并享受原折扣。

4. 超过有效期未使用完卡内金额可延期。

5. 甲方未按签订合同内容及价格提供服务的，乙方有权要求全额退还余额。

6. 消费卡遗失、损坏应及时挂失、补办新卡。因乙方未及时挂失，且甲方无过错的情况下，造成经济损失的由乙方承担。

7. 交付预付费用7日内，未使用预付费用的，可无条件解除合同；接受免费体验或试用服务，不影响行使无条件解约权。

第五条　其他约定

_____。

第六条　违约责任

1. 双方约定按照本合同第二条第四项第（2）种方式付款的，乙方未按约定支付余款的，只享受首次实际付款数额相应的优惠幅度。

2. 甲方关闭、转让、合并、搬迁等事宜，应以_____方式，提前15日告之乙方，并做好卡内余额的善后处理。

3. 因甲方原因导致合同解除的，全额退还卡内余额。

4. 因乙方原因解除合同的，扣除享受相应优惠幅度的消费额，退还卡内余额。

第七条　争议解决

双方发生争议的，可协商解决；协商不成，可向消委会、行业协会和有关部门申请调解；调解不成，□提请×××市仲裁委员会仲裁/□向所在地人民法院提起诉讼。

第八条　附则

1. 消费卡条款如与本合同冲突，以本合同为准。

2. 本合同一式二份，甲、乙双方各执一份，自双方签字或盖章之日起生效。

　　　甲方（签字）：　　　　　　　　　乙方（签字）：

　　　联系地址：　　　　　　　　　　　联系地址：

　　　联系电话：　　　　　　　　　　　联系电话：

　　　电子邮箱：　　　　　　　　　　　电子邮箱：

　　　银行账号：　　　　　　　　　　　银行账号：

（27）赠与合同

（示范文本）

合同编号：＿＿＿＿＿＿＿

赠与人：＿＿＿＿＿＿　　　　签订地点：＿＿＿＿＿＿＿＿＿

受赠人：＿＿＿＿＿＿　　　　签订时间：＿＿年＿＿月＿＿日

第一条　赠与财产的名称、数量、质量和价值。

一、名称：＿＿＿＿＿＿＿＿＿＿＿＿＿＿＿＿＿＿＿＿＿＿＿。

二、数量：＿＿＿＿＿＿＿＿＿＿＿＿＿＿＿＿＿＿＿＿＿＿＿。

三、质量：＿＿＿＿＿＿＿＿＿＿＿＿＿＿＿＿＿＿＿＿＿＿＿。

四、价值：＿＿＿＿＿＿＿＿＿＿＿＿＿＿＿＿＿＿＿＿＿＿＿。

赠与的财产属不动产的，该不动产所处的详细位置及状况：＿＿＿＿＿＿＿

＿＿＿＿＿＿＿＿＿＿＿＿＿＿＿＿＿＿＿＿＿＿＿＿＿＿＿＿＿＿＿＿＿。

第二条　赠与目的：＿＿＿＿＿＿＿＿＿＿＿＿＿＿＿＿＿＿＿＿。

第三条　本赠与合同（是/否）是附义务的赠与合同。所附义务是：＿＿＿

＿＿＿＿＿＿＿＿＿＿＿＿＿＿＿＿＿＿＿＿＿＿＿＿＿＿＿＿＿＿＿＿＿。

第四条　赠与物（是/否）有瑕疵。瑕疵是指赠与物的＿＿＿＿＿＿＿＿

＿＿＿＿＿＿＿＿＿＿＿＿＿＿＿＿＿＿＿＿＿＿＿＿＿＿＿＿＿＿＿＿＿。

第五条　赠与财产的交付时间、地点及方式：＿＿＿＿＿＿＿＿＿＿＿

＿＿＿＿＿＿＿＿＿＿＿＿＿＿＿＿＿＿＿＿＿＿＿＿＿＿＿＿＿＿＿＿＿。

第六条　合同争议的解决方式：本合同在履行过程中发生的争议，由双方当事人协商解决；协商不成的，按下列第＿＿＿种方式解决。

（一）提交＿＿＿＿＿＿＿＿＿仲裁委员会仲裁。

（二）依法向人民法院起诉。

第七条　本合同未作规定的，按照《中华人民共和国合同法》的规定执行。

第八条　本合同经双方当事人签字、盖章后生效。

第九条　其他约定事项：＿＿＿＿＿＿＿＿＿＿＿＿＿＿＿＿＿＿＿。

赠与人（章）：	受赠人（章）：
住所：	住所：
法定代表人（签字）：	法定代表人（签字）：
身份证号码：	身份证号码：
委托代理人（签字）：	委托代理人（签字）：
电话：	电话：
传真：	传真：
电子邮箱：	电子邮箱：
邮编：	邮编：

（28）借款合同

（参考文本）

合同编号：＿＿＿＿＿＿＿

贷款方：＿＿＿＿＿＿＿＿＿＿＿＿＿＿＿＿＿

借款方：＿＿＿＿＿＿＿＿＿＿＿＿＿＿＿＿＿

保证方：＿＿＿＿＿＿＿＿＿＿＿＿＿＿＿＿＿

（借款合同中是否应当有保证方，应视借款方是否具有银行规定的一定比例的自有资金和适销适用的物资、财产，或者根据借贷一方或双方是否提出担保要求来确定）。

借款方为进行＿＿＿＿＿＿＿＿＿生产（或经营活动），向贷款方申请借款，并聘请＿＿＿＿＿＿作为保证人，贷款方业已审查批准，经三方（或双方）协商，特订立本合同，以便共同遵守。

第一条　贷款种类：＿＿＿＿＿＿＿＿＿＿＿＿＿＿＿＿＿＿＿。

第二条　借款用途：＿＿＿＿＿＿＿＿＿＿＿＿＿＿＿＿＿。

第三条　借款金额　人民币（大写）＿＿＿＿＿＿＿元整。

第四条　借款利率　借款利息为千分之＿＿＿＿＿＿，利随本清，如遇国家调整利率，按新规定计算。

第五条　借款和还款期限

1. 借款时间共＿＿年零＿＿个月，自＿＿＿年＿＿＿月＿＿＿日起，至＿＿＿年＿＿＿月＿＿＿日止。借款分期如下：

借款期限	借款时间	借款金额
第一期	年　月底前	元
第二期	年　月底前	元
第三期	年　月底前	元

2. 还款分期如下：

归还期限	还款时间	还款金额	还款时的利率
第一期	年　月底前	元	
第二期	年　月底前	元	
第三期	年　月底前	元	

第六条　还款资金来源及还款方式

1. 还款资金来源：＿＿＿＿＿＿＿＿＿＿＿＿＿＿＿＿＿＿＿＿＿＿＿。

2. 还款方式：＿＿＿＿＿＿＿＿＿＿＿＿＿＿＿＿＿＿＿＿＿＿＿＿＿。

第七条　保证条款

1. 借款方用＿＿＿＿＿＿做抵押，到期不能归还贷款方的贷款，贷款方有权处理抵押品，借款方到期如数归还贷款的，抵押权消灭。

2. 借款方必须按照借款合同规定的用途使用借款，不得挪作他用，不得用借款进行违法活动。

3. 借款方必须按合同规定的期限还本付息。

4. 借款方有义务接受贷款方的检查，监督贷款的使用情况，了解借款方的计划执行、经营管理、财务活动、物资库存等情况。借款方应提供有关的计划、统计、财务会计报表及资料。

5. 需要有保证人担保时，保证人履行连带责任后，有向借款方追偿的权利，借款方有义务对保证人进行偿还。

6. 由于经营管理不善而关门、破产，确实无法履行合同的，在处理财产时，除了按国家规定用于人员工资和必要的维护费用外，应优先偿还贷款。上级主管部门决定采取关、停、并、转或撤销工程建设等措施，或者发生不可抗力的意外事故致使合同无法履行时，经向贷款方申请，可以变更或解除合同，并免除承担违约责任。

第八条　违约责任

一、借款方的违约责任

1. 借款方不按合同规定的用途使用借款，贷款方有权收回部分或全部贷款，对违约使用的部分，按银行规定的利率加收罚息。情节严重的，在一定时期内，银行可以停止发放新贷款。

2. 借款方如逾期不还借款，借款方有权追回借款，并按银行规定加收罚息。借款方提前还款的，应按规定减收利息。

3. 借款方使用借款造成损失浪费或利用借款合同进行违法活动的，借款方应追回贷款本息，有关单位对直接责任人应追究行政和经济责任。情节严重的，由司法机关追究刑事责任。

二、贷款方的违约责任

1. 贷款方未按期提供贷款，应按违约数额和延期天数付给借款方违约金。违约金数额的计算应与加收借款方的罚息计算相同。

2. 银行、信用合作社的工作人员，因失职行为造成贷款损失浪费或利用借款合同进行违法活动的，应追究行政和经济责任。情节严重的，应由司法机关追究刑事责任。

第九条　合同争议的解决方式

本合同在履行过程中发生争议，由双方当事人协商解决；协商不成的，按下列第＿＿种方式解决：

1. 提交＿＿＿＿＿＿＿＿＿仲裁委员会仲裁。

2. 依法向人民法院起诉。

第十条　其他

本合同非因法律规定允许变更或解除合同的情况发生，任何一方当事人不得擅自变更或解除合同。当事人一方依照法律规定要求变更或解除本借款合同时，应及时采用书面形式通知其他当事人，并达成书面协议，本合同变更或解除之后，借款方已占用的借款和应付的利息，仍应按本合同的规定偿付。

本合同如有未尽事宜，须经合同各方当事人共同协商做出补充规定，补充规定与本合同具有同等效力。

本合同正本一式三份，贷款方、借款方、保证方各执一份；合同副本一式＿＿＿份，报送＿＿＿＿＿＿等有关单位（如经公证或鉴证，应送公证或鉴证机关）各留存一份。

贷款方（公章）：	借款方（公章）：	保证方（公章）：
代表人（签章）：	代表人（签章）：	代表人（签章）：
地址：	地址：	地址：
开户银行：	开户银行：	开户银行：
账号：	账号：	账号：
电话：	电话：	电话：
传真：	传真：	传真：
电子邮箱：	电子邮箱：	电子邮箱：
邮编：	邮编：	邮编：

（29）技术转让合同

（参考文本）

合同登记编号※

项目名称：＿＿＿＿＿＿＿＿＿＿

受让人：＿＿＿＿＿＿＿＿＿＿

让与人：＿＿＿＿＿＿＿＿＿＿

签订地点：＿＿＿＿省＿＿＿＿市（县）

签订日期：＿＿＿年＿＿月＿＿日

有效期限：＿＿＿年＿＿月＿＿日至＿＿年＿＿月＿＿日

填写说明（合同中标※号的条款按此说明填写）

一、"合同登记编号"的填写方法：合同登记编号为十四位，左起第一、二位为公历年代号，第三、四位为省、自治区、直辖市编码，第五、六位为地、市编码，第七、八位为合同登记点编号，第九至十四位为合同登记序号，以上编号不足位的补零。各地区编码按 CB2260—84 规定填写。（合同登记序号由各地区自行决定。）

二、技术转让合同是指当事人就专利权转让、专利申请权转让、专利实施许可和非专利技术转让所订立的合同。本合同书适用于非专利技术转让合同。专利权转让合同、专利申请权转让合同、专利实施许可合同，采用专利技术合同书文本签订。

三、计划内项目应填写国务院部委、省、自治区、直辖市、计划单列市、地、市（县）级计划。不属于上述计划项目此栏画"/"表示。

四、技术秘密的范围和保密期限是指各方承担技术保密义务的内容，保密的地域范围和保密的起止时间、泄漏技术秘密应承担的责任。

五、使用非专利技术的范围是指使用非专利技术的地域范围和具体方式。

六、其他

合同如果是通过中介机构介绍签订的，应将中介合同作为本合同的附件。如双方当事人约定定金、财产抵押及担保的，应将给付定金、财产抵押及担保手续的复印件作为本合同的附件。

七、委托代理人签订本合同书时，应出具委托证书。

八、本合同书中，凡是当事人约定无须填写的条款，在该条款填写的空白处画"/"表示。

依据《技术合同法实施条例》的规定，合同双方就_____

_____转让（该项目属_____计划※），经协商一致，签订本合同。

一、非专利技术的内容、要求和工业化开发程序

_____

二、技术情报和资料及其提交期限、地点和方式

让与人自合同生效之日起____天内，在____（地点），以_____方式，向受让人提供下列技术资料：_____

_____。

三、※本项目技术秘密的范围和保密期限：_____

_____

_____。

四、※使用非专利技术的范围：_____

_____。

受让人：_____　　让与人：_____

五、验收标准和方法

受让人使用该项技术，试生产_____后，达到了本合同第一条所列技术指标，按_____标准，采用_____方式验收，由_____方出具技术项目验收证明。

六、经费及其支付方式

（一）成交总额：_____元。

其中技术交易额（技术使用费）_____元。

（二）支付方式（采用以下第____种方式）：

（1）一次总付_____元，时间为_____。

（2）分期支付＿＿＿＿＿元，时间为＿＿＿＿＿。

＿＿＿＿＿元，时间为＿＿＿＿＿。

（3）按利润＿＿＿％提成，期限：＿＿＿＿＿。

（4）按销售额＿＿＿％提成，期限：＿＿＿＿＿。

（5）其他方式：＿＿＿＿＿＿＿＿＿＿＿＿＿＿＿。

七、违约金或者损失赔偿额的计算方法

违反本合同约定，违约方应当按《技术合同法实施条例》规定承担违约责任。

（一）违反本合同第＿＿＿条约定，＿＿＿＿＿人应当承担违约责任，承担方式和违约金额如下：＿＿。

（二）违反本合同第＿＿＿条约定，＿＿＿＿＿人应当承担违约责任，承担方式和违约金额如下：＿＿。

八、技术指导的内容（含地点、方式及费用）：＿＿＿＿＿＿＿＿＿＿＿＿＿＿＿＿＿＿＿＿＿＿＿＿＿。

九、后续改进的提供与分享

本合同所称的后续改进，是指在本合同有效期内，任何一方或者双方对合同标的技术成果所做的革新和改进。双方约定，本合同标的技术成果后续改进由＿＿＿＿＿人完成，后续改进成果属于＿＿＿＿＿人。

十、争议的解决办法

在合同履行过程中发生争议，由双方当事人协商解决；协商不成的，按下列第＿＿＿种方式解决：

（一）提交＿＿＿＿＿＿＿＿＿仲裁委员会仲裁；

（二）依法向人民法院起诉。

十一、名词和术语的解释：＿＿＿＿＿＿＿＿＿＿＿＿＿＿＿＿＿＿＿＿＿＿＿＿＿＿＿＿＿＿＿＿＿＿＿＿＿＿＿。

十二、※其他（含中介人的权利、义务、服务费及其支付方式，定金，财产抵押，担保等上述条款未尽事宜）。

（一）＿＿＿＿＿＿＿＿＿＿＿＿＿＿＿＿＿＿＿＿＿＿＿＿。

（二）_____。

（三）_____。

受让人	名称（或姓名）	（签章）		
	法定代表人	（签章）	委托代理人	（签章）
	联系人	（签章）		
	住所（通信地址）			
	电话		电挂	
	开户银行			
	账号		邮政编码	
让与人	名称（或姓名）	（签章）		
	法定代表人	（签章）	委托代理人	（签章）
	联系人	（签章）		
	住所（通信地址）			
	电话		电挂	
	开户银行			
	账号		邮政编码	
中介人	单位名称	（公章） 年　月　日		
	法定代表人	（签章）	委托代理人	（签章）
	联系人	（签章）		
	住所（通信地址）			
	电话		电挂	
	开户银行			
	账号		邮政编码	

印花税票粘贴处

登记机关审查登记栏：

　　　　　　　　　　　　　　　　技术合同登记机关（专用章）
　　　　　　　　　　　经办人：　　（签章）　　年　月　日

（30）合伙合同

（参考文本）

订立合同各合伙人：

姓名：_____　性别：____　年龄：____　住址：_____

（其他合伙人按上列项目顺序填写。）

第一条　合伙宗旨：_____。

第二条　合伙经营项目和范围：_____。

第三条　合伙期限

合伙期限为____年____月____日至____年____月____日止。

第四条　出资额、方式、期限

1. 合伙人_____（姓名）以_____方式出资，计人民币_____元。（其他合伙人同上顺序列出）

2. 各合伙人的出资于____年____月____日以前交齐。逾期不交或未交齐的，应对应交未交金额数计付银行利息，并赔偿由此而造成的损失。

3. 本合伙出资共计人民币_____元，合伙期间各合伙人的出资为共有财产，不得随意请求分割。合伙终止后，各合伙人的出资仍为个人所有，届时予以返还。

第五条　盈余分配与债务承担

1. 盈余分配以_____为依据，按比例分配。

2. 债务承担：合伙债务先以合伙财产偿还，合伙财产不足清偿时，以各合伙人的_____为据，按比例承担。

第六条　入伙、退伙、出资的转让

1. 入伙：①需承认本合同；②需经全体合伙人同意；③执行合同规定的权利义务。

2. 退伙：①需有正当理由方可退伙；②不得在合伙不利时退伙；③退伙需提前____月告知其他合伙人并经全体合伙人同意；④退伙后以退伙时的财产状况进行结算，不论何种方式出资，均以金钱结算；⑤未经合伙人同意而自行退伙给合伙造成损失的，应进行赔偿。

3. 出资的转让：允许合伙人转让自己的出资。转让时合伙人有优先受让权，如转让合伙人以外的第三人，第三人按入伙对待，否则以退伙对待转让人。

第七条　合伙负责人及其他合伙人的权利

1. ＿＿＿＿＿＿为合伙负责人。其权限是：①对外开展业务，订立合同；②对合伙事业进行日常管理；③出售合伙的产品（货物），购进常用货物；④支付合伙债务；⑤＿＿＿＿＿＿。

2. 其他合伙人的权利：①参与合伙事业的管理；②听取合伙负责人开展业务情况的报告；③检查合伙账册及经营情况；④共同决定合伙重大事项。

第八条　禁止行为

1. 未经全体合伙人同意，禁止任何合伙人私自以合伙名义进行业务活动；其业务获得的利益归合伙，造成损失按实际损失赔偿。

2. 禁止合伙人经营与合伙竞争的业务。

3. 禁止合伙人再加入其他合伙。

4. 禁止合伙人与本合伙签订合同。

5. 如合伙人违反上述各条，应按合伙实际损失赔偿。劝阻不听者可由全体合伙人决定除名。

第九条　合伙的终止及终止后的事项

1. 合伙因以下事由之一得终止：①合伙期届满；②全体合伙人同意终止合伙关系；③合伙事业完成或不能完成；④合伙事业违反法律被撤销；⑤法院根据有关当事人请求判决解散。

2. 合伙终止后的事项：①即行推举清算人，并邀请＿＿＿＿＿＿中间人（或公证员）参与清算。②清算后如有盈余，则按收取债权、清偿债务、返还出资、按比例分配剩余财产的顺序进行。固定资产和不可分物，可作价卖给合伙人或第三人，其价款参与分配。③清算后如有亏损，不论合伙人出资多少，先以合伙共同财产偿还，合伙财产不足清偿的部分，由合伙人按出资比例承担。

第十条　纠纷的解决

合伙人之间如发生纠纷，应共同协商，本着有利于合伙事业发展的原则予以解决。协商不成，按下列第____种方式解决。

1. 提交_____仲裁委员会仲裁。

2. 依法向人民法院起诉。

第十一条　本合同自订立并报经工商行政管理机关批准之日起生效并开始营业。

第十二条　本合同如有未尽事宜，应由合伙人集体讨论补充或修改。补充和修改的内容与本合同具有同等效力。

第十三条　其他

第十四条　本合同正本一式____份，合伙人各执一份，送____各存一份。

合伙人（签章）：　　　电话：　　　传真：　　　电子邮箱：

合伙人（签章）：　　　电话：　　　传真：　　　电子邮箱：

　　　　　　　　　　　　　　　　　　　　年　　月　　日

（31）中外来料加工合同
（参考文本）

合同编号：_____

订立合同双方：

甲方：中国_____公司，地址_____，电话_____，电传_____，电子邮箱：_____

乙方：____国_____公司，地址_____，电话_____，电传_____，电子邮箱：_____

双方为开展来料加工业务，经友好协商，特订立本合同。

第一条　加工内容

乙方向甲方提供加工_____（产品）_____套所需的原材料，甲方将乙方提供的原材料加工成产品后交付乙方。

第二条　交货

乙方在合同期间，每个月向甲方提供_____原材料，并负责运至_____车站（经_____港口）交付甲方；甲方在收到原材料后的____个月内将加工后的成品_____套负责运至_____港口交付乙方。

第三条　来料数量与质量

乙方提供的原材料须含____%的备损率；多供部分不计入加工数量。乙方提供给甲方的材料应符合本合同附件一（略）的规格标准。如乙方未能按时、按质、按量提供给甲方应交付的原材料，甲方除对无法履行本合同不负责外，还得向乙方索取停工待料的损失；乙方特此同意确认。

第四条　加工数量与质量

甲方如未能按时、按质、按量交付加工产品，在乙方提出后，甲方应赔偿乙方所受的损失。

第五条　加工费

甲方为乙方加工的加工费，在本合同订立时的_____年为每套_____币_____元；合同订立第二年起的加工费双方另议，但不得低于每套_____

币_____元；该加工费是依据合同订立时中国国内和国外劳务费用而确定的，故在中国国内劳务费用水平有变化时，双方将另行议定。

第六条　付款方式

乙方将不作价的原材料运交甲方；在甲方向乙方交付本合同产品前一个月，由乙方向甲方开立即期信用证，支付加工费。

第七条　运输与保险

乙方将原材料运交甲方的运费和保险费由乙方负责；甲方将本合同产品送交乙方的运费和保险费由甲方负责。

第八条　不可抗力

由于战争和严重的自然灾害以及双方同意的其他不可抗力引起的事故，致使一方不能履约时，该方应尽快将事故通知对方，并与对方协商延长履行合同的期限。由此而引起的损失，对方不得提出赔偿要求。

第九条　仲裁

本合同在执行期间，如发生争议，双方应本着友好方式协商解决。如未能协商解决，可提请____国_____仲裁机构进行仲裁。仲裁适用法律为：

1. 中华人民共和国加入的国际公约、条约；

2. 中华人民共和国法律；

3. 在中国法律无明文规定时，适用国际通行的惯例。

仲裁裁决为终局裁决，仲裁费用由败诉一方承担。

第十条　合同有效期

本合同自签字日起生效。有效期到本合同规定的_____套由甲方加工的成品交付乙方，并收到乙方含加工费在内的全部应付费用时终止。

第十一条　合同的续订

本合同有效期届满之前____月，如一方需续订合同，可以向对方提请协商。

第十二条　合同文本与文字

本合同正本一式____份，甲乙双方各执一份。副本____份交_____等单位备案。

本合同以中、____两国文字书就，两国文字具有同等效力。

第十三条　其他

1. 甲方为交付乙方产品而耗用的包装、辅料、运输及保险等项开支，在加工费以外收取，但这些费用不超过每套合同产品＿＿费用的＿＿％。

2. 甲方收到原材料后，应按乙方提供的技术标准，对其规格、品质进行验收。如乙方提供的原材料不符合标准，或数量不足，在甲方向乙方提出检验报告后，乙方负责退换或补足。

第十四条　合同条款的变更

本合同如有未尽事宜，或遇特殊情况需要补充、变更内容，须经双方协商一致。

甲方：＿＿＿＿＿＿＿＿（盖章）　乙方：＿＿＿＿＿＿＿＿（盖章）

代表：＿＿＿＿＿＿＿＿（签字）　代表：＿＿＿＿＿＿＿＿（签字）

见证人，律师：＿＿＿＿＿（签字）（中国＿＿＿＿律师事务所）

合同订立时间：＿＿年＿＿月＿＿日

合同订立地点：＿＿＿＿＿＿＿＿＿＿＿＿

（32）企业劳动合同

（参考文本）

合同编号：＿＿＿＿＿＿

签订地点：＿＿＿＿＿＿

甲方（用人单位）名称：＿＿＿＿＿＿＿＿＿＿＿＿＿＿＿＿＿＿＿＿

住所：＿＿＿＿＿＿＿＿＿＿＿＿＿＿＿＿＿＿＿＿＿＿＿＿＿＿＿＿

法定代表人或主要负责人（委托代理人）：＿＿＿＿＿＿＿＿＿＿＿＿

联系电话：＿＿＿＿＿＿＿＿＿＿＿　手机：＿＿＿＿＿＿＿＿＿＿＿

邮编：＿＿＿＿＿＿＿＿＿＿＿＿＿　电子邮箱：＿＿＿＿＿＿＿＿＿

乙方（劳动者）姓名：＿＿＿＿＿＿＿　性别：＿＿＿＿＿＿＿＿＿＿

联系电话：＿＿＿＿＿＿＿＿＿＿＿　手机：＿＿＿＿＿＿＿＿＿＿＿

邮编：＿＿＿＿＿＿＿＿＿＿＿＿＿　电子邮箱：＿＿＿＿＿＿＿＿＿

现居住地地址：＿＿＿＿＿＿＿＿＿＿＿＿＿＿＿＿＿＿＿＿＿＿＿＿

户籍所在地地址：＿＿＿＿＿＿＿＿＿＿＿＿＿＿＿＿＿＿＿＿＿＿＿

居民身份证号码（或其他有效身份证件号码）：＿＿＿＿＿＿＿＿＿＿

甲乙双方根据《中华人民共和国劳动合同法》等法律、法规、规章的规定，在平等自愿、协商一致的基础上，同意订立本劳动合同，共同遵守本合同所列条款。

一、合同期限

第一条　甲乙双方选择以下第＿＿＿种形式确定本合同期限：

（一）固定期限：自用工之日＿＿＿年＿＿＿月＿＿＿日起至＿＿＿年＿＿＿月＿＿＿日止。其中试用期自＿＿＿年＿＿＿月＿＿＿日至＿＿＿年＿＿＿月＿＿＿日止，期限为＿＿＿天。

（二）无固定期限：自用工之日＿＿＿年＿＿＿月＿＿＿日起至法定的终止条件出现时止。其中试用期自＿＿＿年＿＿＿月＿＿＿日至＿＿＿年＿＿＿月＿＿＿日止，期限为＿＿＿天。

（三）以完成一定的工作任务为期限。自用工之日＿＿＿年＿＿＿月＿＿＿日至____工作任务完成时即行终止。

二、工作内容和工作地点

第二条　根据甲方工作需要，乙方同意在甲方安排的工作地点_____从事_____岗位（工种）工作。经甲乙双方协商同意，可以变更工作地点、工作岗位（工种）。

第三条　乙方应按照甲方要求，完成_____工作数量，并达到_____质量标准。

三、工作时间和休息休假

第四条　甲乙双方选择实行以下第____种工时制度：

（一）实行标准工时工作制度。

（二）实行综合计算工时工作制度。

（三）实行不定时工作制度。

休息休假按国家和我省有关规定执行。

四、劳动保护、劳动条件和职业危害防护

第五条　甲方应严格执行国家和地方有关劳动保护的法律、法规和规章，为乙方提供必要的劳动条件和劳动防护用具，建立健全生产工艺流程，制定操作规程、工作规范和劳动安全卫生制度及其标准。

第六条　对乙方从事接触职业病危害作业的，甲方应按国家有关规定组织上岗前和离岗时的职业健康检查，在合同期内应定期对乙方进行职业健康检查。

第七条　甲方有义务负责对乙方进行政治思想、职业道德、业务技术、劳动安全卫生及有关规章制度的教育和培训。

第八条　乙方有权拒绝甲方的违章指挥，对甲方及其管理人员漠视乙方安全健康的行为，有权提出批评并向有关部门检举控告。

五、劳动报酬

第九条　乙方试用期的工资标准为____元/月（试用期的工资不得低于本单位相同岗位最低档工资或者本合同第十条约定的工资的 80%，并不得低于用人单位所在地的最低工资标准）。

第十条　乙方试用期满后，甲方应根据本单位的工资制度，确定乙方实行以下第____种工资形式：

（一）计时工资。乙方的月工资为_____。如甲方的工资制度发生变化或乙方的工作岗位变动，按新的工资标准确定。

（二）计件工资。甲方应制定科学合理的劳动定额标准，计件单价约定为___元/件。

（三）其他工资形式：_____。

第十一条　甲方应以法定货币形式按月支付乙方工资，发薪日为每月___日，不得克扣或无故拖欠。甲方支付乙方的工资，应不违反国家有关最低工资的规定。

第十二条　实行标准工时制度，甲方安排乙方延长日工作时间，应支付不低于乙方工资的150%的工资报酬；安排乙方在休息日工作又不能安排补休的，应支付不低于乙方工资的200%的工资报酬；安排乙方在法定休假日工作的，应支付不低于乙方工资的300%的工资报酬。

第十三条　实行综合计算工时和不定时工作制度，甲方安排乙方月工作时间超过167.4小时，应支付不低于乙方工资的150%的工资报酬；安排乙方在法定休假日工作的，应支付不低于乙方工资的300%的工资报酬。

六、社会保险

第十四条　甲方应按国家和地方有关社会保险的法律、法规和政策规定为乙方缴纳基本养老、医疗、失业、工伤、生育保险费用；社会保险费个人缴纳部分，甲方可从乙方工资中代扣代缴。

甲乙双方解除、终止劳动合同时，甲方应按有关规定为乙方办理职工档案和社会保险转移等相关手续，出具解除或者终止劳动合同证明书。乙方应及时办理工作交接手续。

七、双方约定的事项

第十五条　甲乙双方约定本合同增加以下内容：

（一）甲方出资，为乙方提供法定以外培训的约定

1. _____

2. _____

3. _____

（二）保守商业秘密的约定

1. _____

2. _____

3. _____

（三）补充保险和福利待遇的约定。

1. _____

2. _____

3. _____

（四）其他事项的约定

1. _____

2. _____

3. _____

八、其他

第十六条　甲乙双方劳动合同的变更、解除、终止、续订按国家和本省有关规定执行。

第十七条　本合同未尽事宜，双方可另行协商解决，与今后国家和本省有关规定相悖的，按有关规定执行。

第十八条　本合同一式两份，甲乙双方各执一份。

甲方（盖章）：　　　　　　　　乙方（签名）：

法定代表人（委托代理人）：

　　　　　　年　　月　　日　　　　　年　　月　　日

后　　记

　　本书分两个部分，前半部分共五章，着重围绕严把经济合同订立时的真实关、资格关、条款关、能力关、公证与鉴证关五大关而展开。如果这五关都认真地把好了，那么签约技巧与风险防范的整体水平也就大大提高了。书中列举了大量的实际案例，这些案例也都是前人用真金白银换来的经验和教训，望能对读者有所启发，在签订经济合同时保持敏锐性，提高对欺诈合同的识别和防范能力，尽量减少或避免经济合同纠纷的发生。本书后半部分选取了 32 份目前通用的合同范本，希望能够为读者在实际订立合同时提供参考。

　　从特殊中寻找普遍是写作本书的基本立意和出发点。从实践中摸索真理以实论理、以案说法是本书的基本原则和宗旨。本书叙述形式，是将说理与案例相结合，希望达到浅显、通俗、易懂的阅读效果。在说理部分，从实用性的角度，论述了订立合同的立意、前置条件、了解与咨询途径、内容规范、审查方法、履行方式、确立原则、衡量标准以及违约的责任与后果等方面的内容。案例选取自日常生活中发生在我们身边的真实案例，以此加深读者的印象，增强风险防范意识和法律意识，懂得用法律武器维护自身的合法权益。

　　合同涉及我们日常生活的方方面面，合同形式是千变万化的，在不同的领域以及在同一领域不同的地点、不同的主体，会有不同的情况出现，不同的要约会有不同的承诺，不同的标的会有不同的形式和标准，本书不可能面面俱到。真正要达到学以致用、融会贯通的目的，需要参考相应的文本后再根据实际情况做好"加法"和"减法"，以符合合同签订的客观要求。只有根据事物发展的普遍规律具体分析，才能做到举一反三；只有树立认真、细致、谨慎、诚信的签约观，才能使合同既合法合规又公平合理，才能确保合同的顺利履行。同时，希望本书也能够帮助读者树立诚信守约、依法经营的理念，提高经济合同的履约能力以及解决实际问题的能力。

本书主要涉及的法律法规是《中华人民共和国合同法》《中华人民共和国民法总则》《中华人民共和国产品质量法》《中华人民共和国环境保护法》《中华人民共和国保险法》《中华人民共和国票据法》《中华人民共和国继承法》等。

书稿在论证过程中引用了部分报刊、书籍中的经济合同纠纷案例，案例主要来源于《人民法院报》《法制晚报》《检察日报》《中国工商报》《浙江日报》《中国剪报》《报刊文摘》《钱江晚报》《衢州日报》，以及有关仲裁委员会和法院的经济纠纷案例剖析。在此，对书中案例材料来源的报刊编辑、作者深表感谢，正因为有了这些生动报道，本书的内容才得以丰富。

在本书写作过程中，感谢中共中央党校报刊社总编辑，湖北民族学院、中南民族大学、华中师范大学、中央民族大学兼职教授戴小明先生的指教，感谢郑至吾、汪燕两位律师对书中谬误的指正，感谢工商、教育界等有关领导、老师、朋友、同事及同学的关心支持。正因为你们给予我们悉心指导和大力支持，才促成了本书的成书和出版，特此致谢！

曾水深　曾子秋

2017 年 7 月 18 日